소비자과학 콘서트

미후네 미치코 편저 | 김연화 · 제구환 역

미래북
miraebook

소비자과학 콘서트

미후네 미치코 편저 | 김연화 · 제구환 역

미래북
miraebook

　지난 15년을 돌아보면서 급변하는 시장경제사회 속에서 소비자 의식, 소비자 문제도 매우 큰 틀로 바뀌었습니다.

　정부 정책 또한 2006년 소비자기본법이 개정되면서 소비자의 권리 회복에 앞서 책임과 의무를 다하는 역량 있는 소비자 양성에 역점을 두는 방향으로 전환되었습니다. 이는 소비자 문제의 사후 구제보다는 사전 예방적 접근으로, 소비자 교육의 중요성이 더욱 대두되는 시기입니다.

　소비자 단체에 몸을 담근 지 근 20여 년 동안 소비자 관련 공부를 하면서 나름대로 체계를 잡기 위한 과정으로서 「소비자과학 입문서」라는 새로운 접근 방법을 택하게 되었습니다. 이 책이 소비자 문제에 대한 사회과학적인 이해를 통해 생활에 접목할 수 있는 지혜로서 일반인에게도 도움이 되겠기에 번역을 해보았습니다.

　우리나라 소비자 운동은 민간단체를 중심으로 시작되어 많은 여성 지도자들의 선구적인 역할에 힘입어 소비자 의식 함양과 권리 획득에 눈부신 발전을 거듭해왔습니다. 특히 선구적 역할을 해오신 타 단체장님들에게도 이 자리를 빌어 존경과 감사의 뜻을 보냅니다.

　최근 글로벌화에 힘입어 소비자의 목소리는 더욱 높아지고 있으며,

소비자의 책임과 의무를 다하는 자주적인 소비자상 정립과 기업의 준법경영, 기업윤리성, 고객만족의 중요성은 더욱 커지고 있습니다. 또한 정부는 수요자 중점 정책 전환을 통해 자유시장경쟁을 촉진하고 있습니다. 이러한 때 우리 기업과 소비자들이 역량을 키워갈 수 있도록 소비자에 관한 모든 내용을 망라하여 이 한 권의 책에 담았습니다.

본 책의 내용은 외국의 소비자 운동, 흐름과 전환에 따른 앞으로의 방향에 대해서도 우리 현실에 매우 가깝게 다루어져 있어 소비자 담당 행정기관, 기업체, 소비자 단체, 그 밖에 학계에도 도움이 될 것이라고 사료됩니다. 우리가 직면한 소비자, 사업자, 정부 각각의 역할에 대한 방향 제시를 통해 직접적이고 자주적인 소비사회 구축에도 많은 도움이 되었으면 합니다.

올 한 해 동안 이 책의 번역이 나오기까지 힘이 되어주신 제구환님께도 깊은 감사를 드리며 끝까지 용기와 인내심을 놓지 않도록 아낌없는 격려를 해주신 분들께도 감사의 말씀을 드립니다.

2009년 12월

(사)한국소비생활연구원 원장 김연화

part 11
세계화와 소비자 운동

part 12
소비자와 정보

part 13
소비자 상담과 소비생활 어드바이저

part 01

현대사회와
소비자과학 입문

이 장에서는 우리가 알고 있는 소비자로서의 행동, 즉 소비가 어떠한 특징을 가지고 있는가, 소비는 생활 가운데서 어떠한 위치에 놓여 있는가, 소비자를 에워싸고 있는 현대 경제사회에 있어서 소비자 과학을 배우는 의미는 무엇인가에 대해서 생각해보고자 한다.

현대사회의 생활과 소비

소비자라고 하면 누구를 두고 말하는 것일까? 모든 사람이 소비자라고 일컬어지고 있다. 그러면 우리가 소비자라고 하는 것은 어떠한 차원을 두고 말하는 것일까? 그리고 우리가 소비자를 의식하는 것은 어떠한 때일까?

사전에서는 소비자란 「물자를 소비하는 사람」이라 되어 있고, 반대어로는 '생산자'가 있다. 또한 소비란 ❶써서 없애다 다 써버리다, ❷욕망을 직접·간접적으로 충족시키기 위한 재화와 서비스를 소모하는 행위로 생산과 반대의 관계를 가진 경제현상이라 정의된다. 우리들이 소비자임을 의식하는 것은 아마도 상품 같은 것을 구입할 때일 것이다. 그러나 실제의 구입 상황에서 판매 측의 입장에서는 이들을 고객이라 부른다. 따라서 실제 구입하는 사람뿐 아니라 잠재적인 구입자도 포함하여 고려된 것이 소비자라고 말할 수 있을 것이다.

소비자는 사회에 있어서의 개인의 역할, 즉 사회적 역할, 특히 경제 사회에 있어서의 역할이 있다. 우리가 일반적으로 소비자를 의식하는 것은 '구입하는 사람'으로서이다. 그러나 녹색소비자라는 말이 강조되고 있는 것처럼 구입하는 물건에 대해 그것의 판매에서 구입에 이르기까지, 사용하기 시작할 때부터 폐기할 때까지의 전 과정을 인식할 필요성도 높아지고 있다. 소비자는, 구입을 중심에 두면서도 소비 과정 전체를 담당하는 사람이라고 말할 수 있을 것이다.

1. 사회와 개인과 소비자

현대사회에 살고 있는 우리들은 개인으로서 여러 가지 사회적 역할을 하면서 생활하고 있다. 현대사회에서는 산업이나 조직이 고도로 발달하여 사회적 기능을 분화시켰기에 그에 대응하여 개인의 사회적 역할도 그 종류나 수가 증가하였고, 성격도 다양하게 변화되었다.

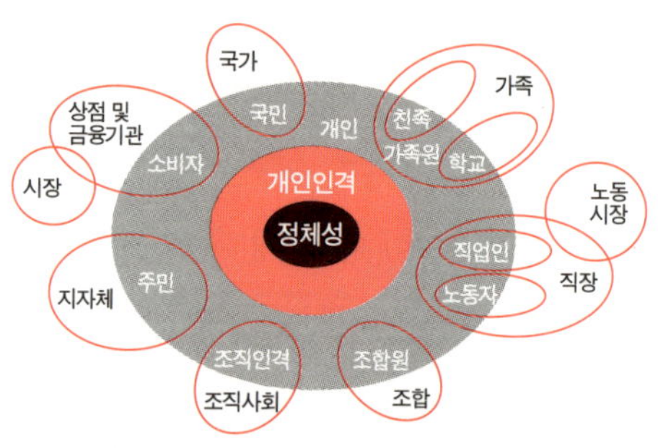

〈그림 1-1〉 개인의 사회적 역할

그림 1-1에서 보듯이 개인은 가족원부모, 자식, 부부, 형제, 자매, 손자 등으로서의 역할, 근린사회·지역 주민으로서의 역할, 국민으로서의 역할, 여러 소속 조직의 회원·구성원으로서의 역할을 비롯하여 많은 역할을 가지고 있다. 경제사회적으로는 직업인과 노동자, 소비자로서의 역할을 담당하고 있다.

이러한 사회적 역할은, 개인으로서는 조직의 일원으로서의 인격과 사회적 인격의 측면을 함께 지니게 되어, 개인적인 인격과 함께 그러한 인격들을 융합하여 자기정체성Identity을 형성한다. 동일한 환경일지라도 사람에 따라 소비행동이 다른 것은, 소비자로서 행동하는 주체가 각기 개성을 가진 개인이기 때문이다.

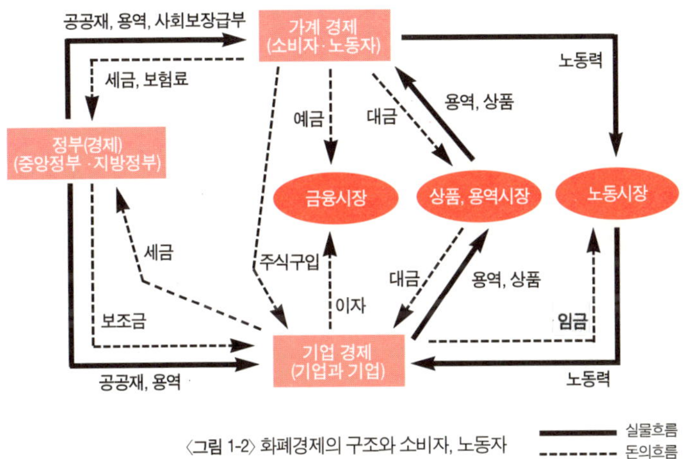

〈그림 1-2〉 화폐경제의 구조와 소비자, 노동자

그렇지만 소비자는, 그림 1-2에서 보듯이, 화폐경제 가운데에서 소비재·서비스시장과 금융시장에 대한 참가자이고, 공통의 시장에 참가한다고 하는 의미에서는 공통의 환경을 가지고 있어, 소비자 행동과 소비생활에 공통된 측면을 가지고 있다. 소비자는 소비사회에서 생활하고 있는 것이다. 또한 소비자는 금전을 매개로 활동하기 때문에 금전관리의 주체인 가계와 개인 재무의 한 측면으로서도 위치를 차지하고 있다.

2. 생활과 소비

생활은 '생활 활동'의 연속이라고 말할 수 있다. 표 1-1에 나타나듯이 생활주체인 개인이 생활 활동을 하려면 생활수단과 대상이 필요하다. 금전을 매개로 소비재·서비스를 구입, 거기에 가사일을 부가하여 생활재와 서비스를 조달한다. '먹는다'라는 생활 활동을 예로 들면 음식, 식탁, 식기가 필요하고 음식은 식재료와 조리를 필요로 한다. 식재와 식탁, 식기 등은 구입하여 장만하는 경우가 많고 조리를 가하는 가사를 하기도 한다. 오이피클 등 조리 서비스가 부가된 것을 구입하기도 하고, 외식을 통하여 식탁이나 식기 및 조리 서비스와 설거지 서비스도 구입할 경우가 있다.

자급자족의 시대에는 생산과 소비가 분리되어 있지 않았기 때문에 매일의 생활은 통합된 과정 그 자체였다. 그러나 현대사회에서는 고도로 발달되고 분업화된 산업에 의해 화폐를 매개로 하는 생산 경제를

<표 1-1> 생활과 소비 도표

생활활동	생활수단 · 대상	조달 · 관리방법	
		화폐를 매개로 조달	가정 내 가사
먹는다	주택,음식		조리,재관리
잔다	주택,침구		베드메이드,재관리
배설한다	주택,화장실,위생용품		청소,재관리
고친다	주택,의자 등		청소,재관리
청결히 한다	주택,욕실,세면용구		청소,재관리
장식한다,입는다	주택,의료,장신구		봉제,세척,재관리
산다	주거		청소,재관리
취미,교양,오락	교양오락용품 · 용역		재관리
배운다	학습용품,교육용역	소비재,서비스의 구매 (소비)	재관리
안다,정보를얻는다	정보,지식		정보처리,재관리
교육한다	교재		가정교육,재관리
키운다	주택,육아용품,용역		육아,재관리
간호한다	주택,간호용품,용역		간호,재관리
아프다	의료품,용역		건강관리
일한다	주택,가사용품 · 용역		
교제한다	교제용품 · 용역		교제,관리
이동한다	교통수단 · 용역		송영(送迎),재관리

바탕으로 생활은 노동과 소비로 분리되어, 사회와의 상호작용이 혼합된 생활을 한다. 한편으로는 의연하게 생활을 지탱하면서 동시에 생활 그 자체인 가정 내 생산과 소비와 육아, 간호를 하며 지역이나 기타 단체 등과 협동을 위한 활동도 하면서 생활을 영위해나간다. 다시 말해 우리들은 살기 위하여 그 수단으로서 소비를 하고 있는 것이다.

현대의 소비

1. 소비란 무엇인가

소비란 좁은 범위의 의미는 「시장에서 판매되고 있는 소비재, 서비스를 돈으로 구입하는 것」을 말하며, 이는 판매에 대한 구매에 해당된다. 즉 소비자로서는 구매이고, 사업자로서는 판매인 것이다.

대상의 측면에서 볼 때 소비는 좁은 의미로는 시장에서 판매되고 있는 소비재·서비스의 구매와 소비이지만, 넓은 의미로는 ❶시장에서 판매되고 있는 소비재·서비스에 부가하여 ❷공적으로 제공되는 의료·복지·교육 등의 공공재·서비스, ❸지역 등에서 공적_{공동·협동}으로 제공되는 공공재·서비스, ❹사적인 무상의 노동으로 제공되는 자급적 생활재·서비스, ❺천연자원 그 자체에 의해 제공되는 자연환경재·서비스 등 생활을 위해 이용 가능한 재화와 서비스를 살리는 행위이다.

소비의 프로세스 측면에서 볼 때의 소비는 좁은 의미로는 '구매', 법률적으로는 '소비자 계약', 경제적으로는 '소비자 거래'에 해당되지만, 넓은 의미로는 ❶계약·구매 전의 소비를 위한 탐색, ❷구매금전을 사용하여 소비재·서비스를 획득함, ❸독자화獨自化·자사화自事化; 소비재·서비스를 자신을 위한 생활수단으로 전환하는 것, ❹최종소비생활수단을 이용하여 만족을 얻음, ❺처리만족을 얻은 후의 소비재·서비스의 처분·재활용, ❻폐기·사이클Recycle; 처분이나 재활용 후의 폐기·사회적 재생 등의 6단계가 있다.

생산자가 일반 소비자에게 판매하기 위하여 만든 소비재상품와 서비스는 특정의 개인을 위해 만든 것이 아니기 때문에, 우리는 구입한 소비재·서비스를 자신의 생활을 위해 전환함으로써 비로소 우리 자신의 생활수단으로 만들 수 있다. 「독자화」, 「자사화」는 바로 그 과정인 것이다.

옷감의 경우, 마음대로 가공하여 피복생활재으로 만들어 입는다. 식료품의 경우, '요리를 하여 그 가정의 맛으로 한다', '아이의 입에 맞는 크기로 잘라서 아이의 식품으로 만든다'든지 하여 생활을 장식하며 살아가게 된다. '주택을 자신의 사는 거처로 한다', '책을 장서로 보관한다' 하는 경우도 마찬가지다. '소비재·서비스를 자신의 생활수단으로 한다'란 다시 말해 「마음에 드는 것」으로 변화시키는 것이다. 이때 조리기술과 식문화, 복장 문화, 놀이 문화 등의 생활 문화가 매개가 된다.

또한 최종소비는 생활수단으로 전환되는 즉시 소비재·서비스를 충분히 살려서 생활의 충실을 실감케 하고, 동시에 소비재·서비스의 수명을 보전시키는 것이다. 최종소비에 의해 소비행동을 소비의 경험으로 하여 그것을 축적해갈 수 있는 것이다. 소비경험과 소비생활의 경험에 의해 구매 후의 관리, 생활수단이 되기 전의 소비재·서비스의 기능·품질·가격에 대한 최종 판단과 구매 방법의 평가가 가능하게 된다.

이러한 여섯 가지의 프로세스를 축적함으로써 생활에 있어서의 소비·구입의 의미를 이해하고, 소비를 생활의 충실한 수단으로 삼을 수가 있는 것이다. 일련의 소비경험이 풍성하고 알찬 생활을 실현시키고, 다음의 구매 내용을 좌우하여 판매자의 '소비문화'가 아니라, 소비자의 생활을 위한 '소비생활문화'를 형성하게 된다.

2. 현대의 소비와 소비자의 힘

현대 소비는 이러한 자사화·독자화, 최종소비, 처리, 폐기·리사이클의 소비 후반부 과정이 그 중요성과는 달리 상대적으로 비중이 낮아 소비생활 경험을 쌓아 소비자로서의 능력을 높여갈 여지가 적어지고, 반면 구매와 구입 또는 계약과 구매 전의 소비를 위한 탐색의 비중은 증가되고 있다.

그 이유는 다음과 같은 현대의 소비 특징에서 찾을 수 있다.

❶소비재·서비스의 품질과 그 기술 수준의 고도화·서비스화에 따라 소비재·서비스가 일정한 형태로 머물러 있지 않기 때문에 소비생활의 경험을 쌓을 조건이 없어졌다는 점, ❷광고나 넓은 의미의 소비정보 등의 판촉 활용의 다양한 수단이 배치되어 있어 소비자 스스로의 소비경험을 통한 소비재·서비스에의 주체적인 접근 조건과 범위가 축소되어 있다는 점, ❸판매 방법의 변화에 따라 소비자의 구매 방법과 구매 대상, 구매의 시기와 기간이 복잡화되고 장기화되고 있다는 점이다.

판매 방법에는 현물의 대면적인 판매뿐 아니라 방문판매, 통신판매, 전화권유판매, 업무제휴유인판매, 특정계속적 용역제공, 다단계판매 등이 있다. 권유되는 단계와 신청, 계약, 결제의 단계가 시점이 다른 경우가 있어 더욱 복잡해지고 있는 실정이다. 또한 보험이나 주택대부, 특정계속적 용역제공과 같은 구입이 장기간에 걸친 경우도 있다.

경험에 의한 지식·지혜의 축적 가능성과 환경은 열악해지고, 과학적 근거를 가진 소비사회의 정보와 지식의 필요성은 더욱 커졌다. 구체적으로는 ❶소비재와 서비스의 품질·안전성·가격과 그 표시, ❷판매 방법, ❸계약권유 등도 포함, ❹금전신용카드를 포함한 지불수단, ❺소비자 상담·소비자 고충·피해의 보상 등, ❻소비자에게 주어진 환경광고 선전, 상권, 문화, 소비사회, 경제 환경, 소비자 정책, 제도적인 소비자 권리와 의무 등이 있다. 이런 것들은 소위 사회정보 · 지식이라 불리는 일반적인 것들이지만, 소비자로서는 자기 자신의 경제 상황^{예산 제약과 자금의 전망}, 생활욕구 · 필요를 바탕으로 한 소비 욕구와 필요, 미래 생활설계의 기초가 되는 '현재의 소비'의 위치 등에 대한 정보도 필요하게 되었다.

이러한 소비자 자신의 개별적 정보, 즉 자기정보의 정리 · 축적의 방법론도 필요하게 되었다. 여기서 말하는 자기정보라고 하는 것은 자신에 대한, 자신에 의한, 자신을 위한 정보이며 개인정보와는 다르다. 개인정보는 업자에 의한, 업자를 위한 개인 관련 정보이다.

구매와 구입과 계약 · 구매 전의 소비에 대한 탐색 비중이 증가하고 있다는 것은 판매 측으로서는 소비로 유도하는 정보를 소비자의 기호에 맞도록 전달하는 것이 유효하다는 의미이다. 즉 개인정보를 충분히 활용하게 되는 것이다. 소비자로서는 개인정보를 컨트롤하고 프라이버시를 지키는 능력도 필요하게 된다.

이와 같이 현대에 있어서의 소비자의 힘은 「소비사회의 정보와 지식을 습득하여 소비자 자신의 정보로서 정리, 편집, 축적하고 개인정보를 조정할 수 있는 능력」이라고 말할 수 있다.

소비자와
소비자과학

노동자에게는 노동자가 되기 위한 커리어 교육이 필요한 것처럼, 소비자에게는 소비자가 되기 위한 소비자 교육, 소비자의 역량을 고양시키기 위한 소비자 교육이 필요하다. 그것은 사회인 그리고 경제시민이 되기 위한 교육이기도 하고, 사회참여의 시민교육이기도 하다.

「소비자의 역량을 고양시키고 소비자 지원을 담당하기 위한 소비자 교육의 내용에 대한 과학적인 지식의 체계」를 소비자과학이라고 한다면, 소비자 과학은 아래와 같은 차원으로 정리될 수 있다.

소비자에 대한 과학 : 소비자의 실상과 사회적 위치의 확립

소비자를 위한 과학 : 소비자를 위한 사회의 실현

소비자로의 과학 : 소비자의 주체 형성과 발달

소비자로서의 과학 : 개인과 생활자의 위치 확립

1. 소비자에 대한 과학

'소비자에 대한 과학'으로서의 소비자과학은 여러 측면에서의 소비자의 실상, 소비자의 동향을 파악하고 이해하여 사회적인 자리매김을 하게 하는 지식의 체계이다.

소비시장, 소비자의 경제상태, 소비자의 지향이 그 주된 내용이다. 구체적으로는 소비지출을 시작으로 저축금융상품의 구입, 소비자 행동, 소비자 의식, 소비자 문제의 내용·건수, 소비자 상담 내용과 건수, 소비자 피해와 소비 관계의 사건 등을 다룬다.

2. 소비자를 위한 과학

'소비자를 위한 과학'으로서의 소비자과학이란 소비자를 위한 사회의 실현, 다시 말해 사회의 제도, 재정지원 범위의 파악과 이해에 대한 지식의 체계이다. 소비자를 둘러싼 환경에 대해 소비자법의 체계, 소비자 정책, 소비자 행정, 기업의 마케팅, 소비자 대응을 파악하고 이해하는 것이다.

3. 소비자로의 과학

　　　　　이는 소비자의 주체 형성과 발달에 관한 과학으로, 소비자로서의 경험, 이해와 인식, 의사결정력 등 소비자로서의 역량 육성에 대해 파악하고 이해하는 것이다.

4. 소비자로서의 과학

　　　　　개인과 생활자의 위치 확립을 다룬다. 다시 말해 생활자로서 '소비자'를 자리매김하는 지식 체계이다. 개인재무, 가계 관리, 생활설계 등 평생의 생활 속에서 소비를 자리매김할 수 있는 소비와 저축의 배분에 대해 파악하고 이해하는 것을 말한다.

5. 소비자를 통한 과학

　　　　　금융 · 경제 · 법 · 정보 · 환경 등은 여러 가지 관점에서 볼 수 있지만, 소비자과학은 '소비자'의 관점에 서서 바라보는, 소비자를 기점으로 한 금융 · 경제 · 법 · 정보 · 환경 등에 관한 지식의 체계를 말한다.

소비자가 관계하는 금융 · 경제 · 법 · 정보 · 환경은, 예를 들어 금융의 경우 금융상품의 배경이 되는 금융론, 경제의 경우 소비자 측면에서 본 경제론, 법률의 경우 소비자 관련법을 포함한 소비자의 권리 · 의무 관계의 법체계, 정보의 경우 소비자 측면에서 본 정보론, 환경의 경우 녹색소비자의 환경의식이라 할 수 있다.

이러한 것들은 물론 1에서 4까지의 소비자 과학의 모든 차원과 관계가 깊다. 이러한 소비자과학의 수립과 교육은 소비자 자신의 소비자 역량을 높임은 물론 소비자 지원의 질을 향상시킨다. 그리고 자립된 주체로서 시장에 참여하는 소비자가 시장의 유효한 작동을 실현하게 된다.

규제개혁의 근간이 되는 경제사회의 발전은 이러한 '소비자 역량'을 높여서 스스로의 이익을 확보할 수 있는, 행동하는 소비자가 선도적으로 역할을 담당하게 되는 것이다.

part 02

소비생활과 소비사회

이 장에서는 소비생활의 요소와 과정, 소비, 소비와 금전과의 관계, 금전, 금전관리, 가계관리, 가계비, 소비지출, 저축의 의미를 이해한다. 또한 가계비, 가계지출, 저축액의 실태와 변화를 보고 소비사회의 특징과 법규를 살펴본다.

소비생활의 요소와 과정

소비생활은 경제적 측면을 중심으로 법률, 경영, 정치 등의 측면 또한 가지고 있으며 개인, 가족 등의 차원으로 이루어진다. 소비생활은 ❶계약 · 구매 전의 탐색 → ❷구매 → ❸독자화 · 자사화→ ❹최종소비 → ❺처리 → ❻폐기 · 리사이클 과정을 거친다. 소비자는 그림과 같은 요소Factor와 과정Process을 통하여 소비생활을 영위한다.

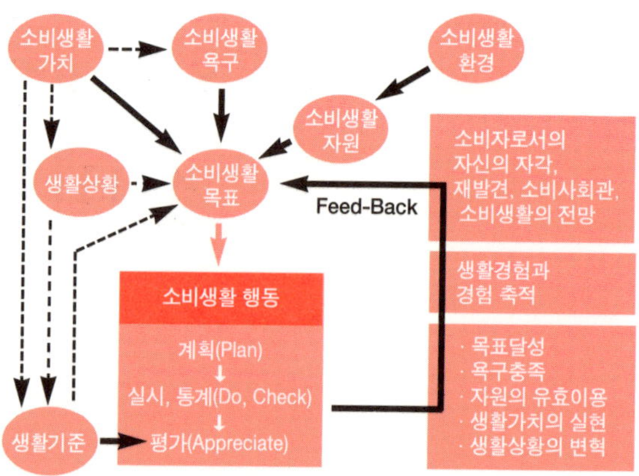

〈그림 2-1〉 소비생활의 요소와 프로세스

소비자와 금전과 개인재정

소비의 중심은 구매이다. 금전을 사용하여 소비재·서비스를 얻는 것, 일상생활에서 말하면 '돈을 쓴다' 라고 하는 것이다. 소비는 「금전과 소비재·서비스를 교환하는 것」이어서, 금전이 없으면 소비는 이루어질 수 없다. 그러한 소비재·서비스를 자신의 금전과 교환해도 좋겠다고 생각함으로써 소비가 이루어지는 것이다.

「소비재·서비스와 자신의 금전과의 교환」이기 때문에, 소비재·서비스에 대한 자신의 가치와 자신의 금전의 가치를 비교하여 금전을 지불하여 소비재·서비스를 획득할 것을 결정하고 실행한다. 이런 긴장 관계 가운데서 행해지는 것이 바로 의사결정인데, 이는 경제적으로는 소비자 거래, 법적으로는 소비자 계약이다. 두 말할 필요 없이 그 의사결정은 스스로가 하는 것으로, 그런 의미에서는 자기결정, 자기책임인 것이다.

그러나 중요한 것은 다음의 전제가 있다는 점이다. ❶'소비재 · 서비스에 대한 자신의 가치'를 스스로 판단하고 ❷'자신의 금전의 가치'를 스스로 평가하여 ❸양자를 비교하여 자신의 금전을 지불하고 해당 재화와 서비스를 획득할 것을 스스로 결정하고 ❹스스로 실행으로 옮겨야 한다는 것이다.

이러한 가치의 판단 · 평가 · 결정 · 실행에 '스스로'라는 조건이 필요하며, 그것이 전제가 되지 않으면 자기책임을 물을 수 없다. 현대사회에 있어서 자기책임의 조건과 전제는 매우 제한되어 있다. 거기에 소비자 권리의 존중, 소비자 자립 양성 등이 현대에 있어서 정책의 근거가 된다.

소비는 「소비재 · 서비스와 자신의 금전과의 교환」이기 때문에, 우선 소비재 · 서비스에 대한 자신의 가치판단이 우선되어야 한다. 따라서 소비와 생활을 연결하는 관점과, 실제로 그것에 상응하는 소비재 및 서비스인지 판단할 수 있는 정확한 눈이 필요하다.

가격의 타당성이나 표시 사항에 대한 품질의 판단, 자신과 자신의 생활과의 적합성, 지적재산권을 비롯한 모든 권리의 침해는 없는지에 대한 확인, 오염이 적은 지속 가능한 소비재 · 서비스인지에 대한 점검을 통하여 소비재 · 서비스를 확인하는 것이다.

소비는 「소비재 · 서비스와 자신의 금전과의 교환」이기 때문에, 그 다음으로 자신의 금전의 가치 평가가 따라야 한다. 금전의 포기를 수반하기에 거기에는 반드시 금전관리가 뒤따른다. 예산에 제약이 따르기 때문에 현재와 장래의 소비 구별이 있어야 하고, 다양한 용도로 사용될 수 있는 금전을 특정의 소비재·서비스에 사용하겠다는 용도의 선택과 그 우선순위가 매겨져야 한다. 가족 등의 공동생활단위에서는 이러한 개인재무에 부가하여 가족 간의 금전 배분이 수반되므로, 금전관리는 개인뿐 아니라 가족 간의 금전의 변동을 포함한 가계관리가 되는 것이다.

금전관리의 대상으로서의 금전은 그림 2-2에서 보는 바와 같이 수입과 금전이전과 지출의 세 가지 유형이 있는데 소비는 지출, 특히 소비지출과 금전상품을 구입하는 '저축'과 연관된다. 소비는 금전의 획득, 즉 수입을 전제로 하는 것이기 때문에 여러 가지 유형의 다양한 종류의 금전관리를 경유하여 소비가 가능하게 되는 것이다.

거꾸로, 금전관리의 부재나 실재失財가 소비자 문제가 되는 경우도 있다.

금전은 몇 가지 방법으로 획득할 수 있다. 가장 일반적으로는 노동을 하여 얻는 급여, 임금, 상여금 등의 형태가 있다. 자산을 운용하여 얻는 이자나 수익도 있다. 또한 공적연금, 실업수당, 생활보호금 등 정부로부터 이전된 사회보장급부에 의해 얻어질 수 있다. 그리고 가계 간 혹은 가계 내에서 증여에 의한 금전획득도 있다.

소비에 쓴 금전은 결재를 위한 것이고, 저축에 쓴 금전은 금전상품을 구입하기 위한 것이다. 또한 차입과 반제는 금융상품의 구입에 해당되고, 크레디트는 금융상품의 구입과 소비소비재·서비스의 구입 결재의 양

쪽과 연관된다. 이처럼 수입과 지출의 흐름에서 보아도 소비와 금전은
복잡하면서도 밀접한 관계를 가지고 있다.

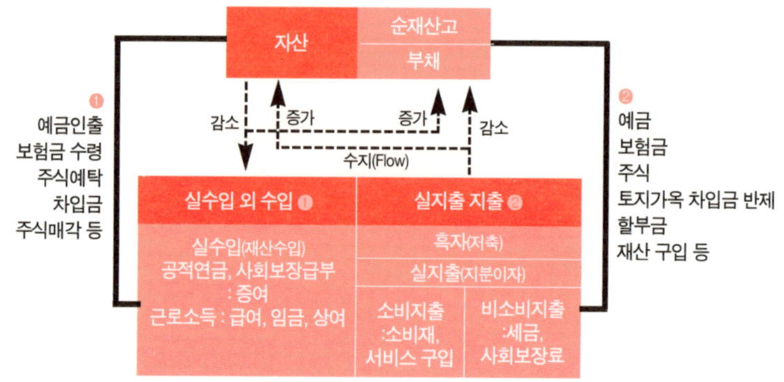

〈그림 2-2〉 가계와 개계의 Flow와 Stock

소비와 금전의 관계를 정확히 나타내려면 재산의 관점도 도입할 필
요가 있다. 그림 2-2에서 보듯이 소비지출은 실지출의 일부이고 그것
은 실수입으로부터도, 실수입 이외의 수입으로부터도 지불할 수가 있
다. 실수입 이외 수입이란 순재산고를 변화시키지 않는 외형상의 수입
이다. 구체적으로 말하면 재산을 환금즉 예금인출 등한다든지, 부채로서의
금전을 획득하는 것을 생각할 수 있다.

또한 반대로 금융자산을 구입할 경우의 지출은 실지출 이외의 지출
이다. 구체적으로는 정기예금을 든다든지 채권 매입 등 자산을 증가시
키는 것을 생각할 수 있다. 그리고 빌린 돈의 상환이 크레디트 구입에
의한 빌린 돈을 갚는 것은 부채를 감소시키는 실지출 이외의 지출에
해당한다. 실지출 이외의 지출이란 순재산고를 변화시키지 않는 외형

 소비자 과학 콘서트

상의 지출이라고 정의할 수 있다. 금융상품의 구입은 그림 2-2 가운데 자산의 운용에서도 이루어질 수 있다. 그것은 재산 수입을 가져오기도 하고, 또한 운용에 실패하면 마이너스 재산 수입의 결과를 낳는 경우도 있다. 부채도 크레디트·소비자 금융·주택 대부 등 넓은 의미에서의 금융상품의 구입이고, 그때에는 지불이자가 발생한다.

이와 같이 플러스자산와 마이너스부채의 재산은 금융상품을 구입하고 있는 상태이며 그 가격은 이자수취와 지불의 양쪽이다. 또한 자산에는 그 자체의 가격에 변동이 생겨 '자본취득', '자본손실'이 수반되는 경우도 있다. 이런 것들은 일반의 소비재·서비스의 가격과 다르며, 기업 업적 등 경제상황을 복잡하게 반영한 것도 포함되어 있다.

크레디트는 지극히 복잡한 소비이고, 차입금과 같은 금융상품은 그 품질과 기능이 특수한 것이라고 말할 수 있다. 이처럼 넓은 의미의 금융상품의 구입은 일반적으로 정형적인 기능과 품질을 구비한 소비재 및 서비스와는 달리 어려운 소비라는 점에 유의해야 한다.

현대 소비의
실태

현대 소비의 실태를 가계 조사에 의해 나타내보자. 표 2-1은 1964년, 1984년, 2004년의 20년 간격으로 일본 전국 노동자 세대의 1개월 평균 가계비를 나타내고 있다.

최근이라 할 수 있는 2004년도의 가계비를 보면, 실제 수입이 약 53만 엔이고 그 가운데서 세금과 사회보험료 등의 비소비지출 8만5,000엔을 뺀 약 44만 엔이 마음대로 사용을 결정할 수 있는 소득인 가처분소득이다. 가처분소득 가운데 74%를 차지하는 33만 엔이 소비지출이고, 26%가 저축이다.

소비지출 내용은 가계 조사에서 열 가지로 분류되어 있다. 즉 식료, 주거, 광열 · 수도, 가구 · 가사용품, 피복 및 신발, 보건의료, 교통 및 통신, 교육, 교양 · 오락, 기타이다. 기타의 소비지출은 모든 잡비, 용돈 용도불명, 교제비, 후원금 등으로 구성된다.

<표 2-1> 가계비 변화추이(전국노동자 세대의 1개월 평균 가계비)

항목	금액			비율(가처분소득=100%)			배율(1964년=1)	
	1964	1984	2004	1964	1984	2004	1984	2004
· 실수입	59,704	424,025	530,028	100.0	100.0	100.0	7.1	8.9
비소비지출	4,831	64,671	85,063	8.1	15.3	16.1	13.4	17.6
가처분소득	54,873	359,353	444,966	91.9	84.7	84.0	6.5	8.1
· 소비지출	45,511	282,716	330,836	82.9	78.7	74.4	6.2	7.3
식료	16,374	73,669	72,025	29.8	20.5	16.2	4.5	4.1
주거	2,226	13,551	20,804	4.1	3.8	4.7	6.1	9.3
광열 · 수도	2,165	17,044	20,909	3.9	4.7	4.7	7.9	9.7
가구 · 가사용품	2,473	11,666	10,419	4.5	3.2	2.3	4.7	4.2
피복 및 이불	4,705	19,263	14,893	8.6	5.4	3.3	4.1	3.2
보건의료	1,112	6,978	11,531	2.0	1.9	2.6	6.3	10.4
보건의료	1,112	6,978	11,531	2.0	1.9	2.6	6.3	10.4
(자동차)	(310)	(15,845)	(25,983)	(0.6)	(4.4)	(5.8)	(51.1)	(83.8)
(통신)	(198)	(5,298)	(13,431)	(0.4)	(1.5)	(3.0)	(26.8)	(67.8)
교육	1,638	11,729	19,714	3.0	3.3	4.4	7.2	12.0
(보습교육)	(85)	(2,232)	(4,327)	(0.2)	(0.6)	(1.0)	(26.3)	(50.9)
교양오락	3,366	24,628	33,710	6.1	6.9	7.6	7.3	10.0
기타 소비지출	10,013	77,077	79,613	18.2	21.4	17.9	7.7	8.2
· 실수입외 수입	10,046	184,554	403,957	18.3	51.4	90.8	18.4	40.2
· 실지출외 지출	18,334		521,571	33.4	0.0	117.2	0.0	28.4
· 저축(흑자)	9,362	76,637	114,129	17.1	21.3	25.6	8.2	12.2
· 금융거래액	28,060	440,718	924,178	51.1	122.6	207.7	15.7	32.9

과거 20년마다의 가계비를 비교해보면, 우선 가처분소득에서 소비
지출이 차지하는 비중은 서서히 줄어들고 있다. 반대로 저축의 비율은

17%, 21%, 26%로 상승하고 있다. 소비지출을 항목별로 보면 식료비의 비율은 30%, 21%, 16%로 계속적으로 현저히 낮아지고 있고, 피복 및 신발비도 9%, 5%, 3%로 저하하고 있다. 그러나 급격히 상승하고 있는 항목은 교통·통신비로 3%, 8%, 11%로 상승하고 있다. 교육비와 교양·오락비도 서서히 증가하고 있다.

약 40년 전인 1964년을 기준으로 가처분소득은 2004년 약 8배 증가하였는데, 이러한 소득증가에 따라 소비지출 항목 가운데서 가장 많이 늘어난 부분은 교통·통신비이다. 교통·통신비의 경우 약 33배의 증가를 보였고, 교육비도 12배의 증가를 보였다. 그러나 식료비 증가는 4.4배 정도로, 소득증가에 비해 매우 낮다.

또한 소항목 가운데 가장 큰 증가를 보이고 있는 소비지출을 살펴보면, 자동차의 경우 84배, 통신의 경우 약 68배, 보습교육의 경우 51배의 증가를 보이고 있다. 우리들의 소비가 슈퍼마켓 등의 일상생활 필수품식료, 피복의 소비로부터 자동차·통신·교육 등의 소비로 전환되고 있고, 금융기관과의 거래가 증가하고 있다는 것을 나타내주고 있다.

1. 현대의 소비사회

현대의 소비생활 주체와 그를 둘러싼 환경을 한 마디로 표현해본다면 현대는 '소비사회'라 할 수 있다. 소비사회란 사람들의 생활에서 금전을 매개로 한 재화·서비스의 조달·소비가 필수적이 되고, 소비수준이 높아져 그것을 유지·확대시키려 하는 사회구조를 가지고 있고, 사람이 소비를 통하여 관계를 밀착하는 경제사회이다.

산업의 발달에 의해 사회의 생산력이 높아지고, 생활에 필요한 재화를 자급하는 비율이 낮아지는 사회가 소비사회이다. 생산력이 높아지면 만들기만 하면 팔리는 단계에서 벗어나 팔리는 물건과 팔리지 않는 물건이 생기고, 팔리는 물건을 만들 것과 파는 방법을 궁리할 필요가 생긴다. 따라서 사업자는 고도의 전문지식을 투입하여 신규개발을 추진하므로, 새로운 소비재·서비스가 계속해서 늘어난다.

소비자의 소비재·서비스에 대한 지식, 정보는 항상 진부해진다. 신규개발로부터의 자극과 소비자 자신의 소비재·서비스에 대한 욕구의 다양화·고도화에 의해 더욱 다양한 종류와 향상된 품질을 지향하게 되고, 거기에 대응한, 혹은 선도하려고 하는 소비재·서비스의 개발이 추진되어 새로운 소비재·서비스가 가속적으로 변화·제공되는 사회이다. 소비자 입장에서 보면 소비자의 의사와는 관계없이 주변에 여러 가지 종류의 다양한 등급의 소비재와 서비스가 흘러넘치고 있고, 여러 가지의 방법과 편법이 동원되어 그것들이 소비자에게 접근해오고 있다. 필요하고 욕구하는 소비재·서비스뿐만 아니라 무차별적으로 공급되는 소비재와 서비스의 정보를 취사선택할 시간이 필요한 사회이다.

소비자 문제는 소비자와 사업자 간의 ❶정보력_{정보의 양과 질을 바탕으로 한 힘}, ❷기술력, ❸조직력, ❹가격결정력이라는 네 가지의 비대칭성으로 인해 발생하는데, 특히 ❶의 정보력과 ❷~❹에 의한 교섭력의 격차에 따라 차이가 발생한다. 여기에서 정보력, 교섭력의 격차를 어떻게 시정할지의 여부가 소비자 구조의 주요한 과제이며, 국제소비자기구가 제시하는 「소비자의 권리와 책임」은 소비사회에 있어서의 중요한 요건이라고 할 수 있다.

소비사회에 꼭 필요한 모습은 소비자기본법에 명시된 내용처럼 ❶소비생활에 있어서 기본적인 수요가 충족되고, ❷건전한 생활환경이 확보된 가운데 ❸소비자의 안전이 확보_{상품·서비스의 안전성이 확보되어 있을 것}

되고, ❹상품·서비스에 대해 소비자의 자주적이고 합리적인 선택의 기회가 확보되며, ❺소비자에게 필요한 정보가 제공되고, ❻소비자에게 교육의 기회가 제공되고, ❼소비자의 의견이 소비자 정책에 반영되며, ❽소비자에게 피해가 발생할 경우 적절하고도 신속한 구제가 있어야 한다는 것이다. 이러한 이념을 기초로 삼아, 시장에서 소비자의 힘과 사업자의 힘의 격차를 시정하는 제도를 가지게 되는 것이다.

또한 현대의 소비사회에서 유의해야 할 점은, 소비자는 연령·경제력·판단력 등의 개별적인 특성을 가지고 있어서 일정한 표준형이 아니라는 점에 대한 대응, 고도 정보통신사회의 급격한 진전이 소비사회의 본연의 자세를 변화시키고 있다는 점에 대한 대응, 소비생활의 국제화의 진전에 대한 대응, 환경문제의 심각화에 대한 대응이다. 이러한 것들도 소비자기본법에 규정되어 있다.

2. 소비자의 권리와 책임

1982년 국제소비자기구가 제시하는 소비자의 권리와 책임은 소비자 자신의 자립 요건을 나타내고 있으며, 소비자에 대한 지원과 소비사회에서 소비자가 공헌해야 할 것을 나타내고 있으므로, 전술한 소비자기본법에 규정되어 있는 기본 이념과 통한다 할 수 있다.

국제소비자기구에 의해 명시된 소비자의 권리는 다음과 같다.

❶ 생활의 기본적 욕구가 충족될 권리 : 충분한 식료, 의복, 가옥, 의료, 교육, 공익사업, 수도, 공중위생 등 기본적이면서 필수적인 소비재·서비스를 얻을 수 있을 것

❷ 안전에 대한 권리 : 건강, 생명에 위험한 제품, 제조과정, 서비스로부터 보호를 받을 것

❸ 알 권리 : 선택할 때 필요한 사실을 듣거나 또한 불성실하거나 오해를 가져올 수 있는 광고나 표시로부터 보호받을 수 있을 것

❹ 선택할 권리 : 만족할 만한 질과 경쟁가격으로 제공되는 제품과 서비스가 많이 있어 그 가운데서 선택할 수 있을 것

❺ 의견을 청취할 권리 : 정부가 정책을 기획, 수행할 때 또는 제품 및 서비스를 개발할 때 소비자 이익의 대표를 포함시킬 것

❻ 보상받을 권리 : 하자 제품, 위조품 또는 불만족스러운 서비스에 대한 보상을 포함하여 고충의 처리가 적절하게 될 것

❼ 소비자 교육을 받을 권리 : 기본적인 소비자 권리와 책임에 대해 아는 것 이외에도, 정보를 전해 받고 자신을 가지고 상품과 서비스를 선택할 때 필요한 지식과 능력을 얻을 수 있을 것

❽ 건전한 환경에서 일하고 생활할 권리 : 현재와 장래의 세대에 대해 위험이 되지 않는 환경에서 일하고 생활할 수 있을 것

또한 소비자의 책임은 다음과 같이 다섯 가지가 있다.

❶ 비판적 의식을 가질 책임 : 상품과 서비스의 용도, 가격, 품질에 대하여 민감하게 문제의식을 가진 소비자가 될 책임

❷ 자기주장과 행동할 책임 : 자기주장을 할 수 있고, 공정한 거래를 얻을 수 있도록 행동할 책임

❸ 사회적 약자에 대해 배려할 책임 : 스스로의 소비생활이 다른 사람에게 주는 영향, 특히 약자에게 미치는 영향을 자각할 책임

❹ 환경에 대한 배려 책임 : 스스로의 소비행동이 환경에 미치는 영향을 이해할 책임

❺ 연대할 책임 : 소비자의 이익을 옹호하고 촉진하기 위해 소비자로서 단결하고 연대할 책임

소비사회가 많은 열매를 맺는 생활을 실현하기 위해서 소비자로서의 권리의 보장과 책임의 수행, 소비사회를 구성하는 사업자의 책무 명시와 그 수행, 실효성 있는 소비자 정책의 전개가 요구되고 있다.

소비자기본법에 표시되어 있는 기본적인 소비자 정책은 ❶안전의 확보와 선택의 기회에 대해서, ❷소비자 계약의 적정화 등, ❸계량의 적정화, ❹규격의 적정화, ❺광고 및 기타 표시의 적정화, ❻공정하고 자유로운 경쟁의 촉진, ❼계발활동 및 교육 촉진 ❽의견의 반영 및 투명성 확보, ❾고충 처리 및 분쟁 해결의 촉진 등과 같이 아홉 가지의 기본적인 정책으로 구성되어 있다. 소비사회의 기반으로서 없어서는 안 될 내용들이다.

part 03

소비자와
사업자

이 장에서는 소비자와 사업자라고 하는 존재, 소비자와 사업자의 격차와 그로 인해 발생되는 소비자 상담 내용을 파악한다. 소비자와 사업자로부터 비롯되는 소비사회의 안전 확보, 거래의 적정화, 소비자 피해의 구제 법규 등에 대하여 배우기로 한다.

사업자의 책무와 소비자

소비자는 시장에서 제공되는 소비재와 서비스를 구입한다. 시장은 공급하는 사업자와 수요하는 소비자로 구성되고, 거기에서 가격과 양이 결정된다.

소비자계약법에서는 소비자와 사업자를 다음과 같이 정의하고 있다. '소비자'란 「개인」을 말한다. 또한 '사업자'란 「법인 기타 단체 및 사업으로서 또는 사업을 위해서 계약의 당사자가 되는 경우에 있어서의 개인」을 말한다. 이는 사업으로서 혹은 사업을 위해서 하는 계약이 아닌 계약을 하는 개인이 소비자라는 뜻이다.

소비자와 사업자 간에는 정보의 양, 질, 교섭력 등에 커다란 격차가 있다. 그렇기 때문에 계약에 관한 문제가 계속 증가하고 있는 것이다. 소비생활 상담 정보 건수는 1984년도에 4만8,550건에서 1993년 21만7,816건으로 10년간 약 6배 증가하였고, 2003년에는 137만1,316건으로 과거 20년간 약 28배나 급증하고 있는 실정이다.

<표 3-1> 일본의 소비생활 상담내용별 비율(총 건수에 해당하는 비율, 복수허용)

항목별	1994년도	2003년도	비고
❶ 계약, 해약 관련	65.5%	82.5%	↑
❷ 판매방법 관련	38.6%	42.9%	↑
❸ 가격, 요금 관련	15.4%	10.8%	↓
❹ 품질, 서비스 관련	19.8%	5.7%	↓
❺ 접객 대응 관련	11.1%	4.5%	↓
❻ 법규, 기준 관련	3.0%	2.5%	↓
❼ 표시, 광고 관련	3.4%	2.1%	↓
❽ 안전, 위생 관련	3.2%	1.2%	↓

소비생활 상담의 내용별 비율을 보면, 2003년도에는 ❶계약·해약 관련이 82.5%, ❷판매 방법 관련이 42.9%, ❸가격·요금 관련이 10.8% ❹품질·기능·용역품질 관련이 5.7%, ❺접객 대응 관련이 4.5%, ❻법규·기준 관련이 2.5%, ❼표시·광고 관련이 2.1%, ❽안전·위생 관련이 1.2%로 계약·해약 관련이 가장 많다.

1994년에는 ❶계약·해약 관련이 65.5%, ❷판매방법 관련이 38.6%, ❸가격·요금 관련이 15.4%, ❹품질·기능·용역의 품질 관련이 19.8%, ❺접객대응 관련이 11.1%, ❻법규·기준 관련이 3.0%, ❼표시·광고 관련이 3.4%, ❽안전·위생 관련이 3.3%로 계약·해지 관련과 판매방법 관련의 상담 건수가 증가하고 있음을 알 수 있다.

소비자기본법에서는 「소비자 권리의 존중과 자립 지원」을 위하여 사업자에게 다음의 세 가지 사항에 대해서 요청, 규정하고 있다.

첫 번째, 사업자가 공급하는 상품, 서비스에 대한 책무를 다음과 같이 규정한다. ❶소비자의 안전·소비자와의 거래에서의 공정성 확보, ❷소비자에 대하여 필요한 정보를 명확하고 쉽게 제공할 것, ❸소비자와의 거래 시 소비자의 지식과 경험, 재산 상황 등을 배려할 것, ❹소비자와의 사이에서 발생한 고충의 적절하고도 신속한 처리와 그 체제 정비, ❺국가나 지방공공단체의 소비자 정책에 협력할 것.

두 번째, 상품·서비스에 관해서 환경보전에 대한 생각, 품질 등의 향상, 사업활동에 관한 자주적인 준수 기준 작성 등에 의한 소비자의 신뢰 확보를 규정하고 있다.

또한 소비자 단체에 대해서도 위의 기준에 준하는 사업자 지원에 의한 소비자의 신뢰 확보에 노력할 것을 규정하였다.

한편 소비자기본법에서는 소비자가 노력해야 할 것들도 규정하고 있다. 소비생활에 관한 필요한 지식의 습득, 필요한 정보의 수집을 앞장서 행하여 자주적이고 합리적으로 행동할 것과 환경보전과 지적재산권 등의 적정한 보호에 배려할 것을 규정하고 있다. 또한 소비자 단체가 노력해야 하는 것으로서 위의 정보 수집과 제공, 의견의 표명, 소비자 계발과 교육, 소비자 피해 방지 및 구제 활동 등 소비생활의 안전과 향상을 도모하기 위한 건전하고도 자주적인 활동을 할 것을 주문하고 있다.

소비자의 안전
(상품 · 서비스의 안전 확보)

소비사회의 법칙으로는 구체적으로 안전 확보의 법칙, 적정한 소비자 계약 관련 법칙, 소비자 피해 구제의 법칙, 환경 배려형 소비사회의 법칙이 포함되어 있다.

적정한 소비자 계약 관련 법칙에 대해서는 다음 절에서 상세하게 다루도록 하고, 우선 상품 및 서비스의 안전 확보에 대해서 생각해보기로 한다.

소비자는 안전하면서도 안심할 수 있는 소비생활을 바라고 있다. 소비자의 생명과 신체에 대한 위해의 방지는 소비사회의 기본적인 과제이다.

소비자기본계획 가운데 소비자 정책의 세 가지 기본 방향은, 첫 번째, 「소비자의 안전 · 안심 확보」를 위해 ❶신체 주위로부터의 위험한 상품의 배제로서 리콜Recall 제도 안심 강화와 확충, ❷소비자 참가로서 위해 정보 교환^{Risk Communication}, ❸ 먹거리 안전·안심 정보의 입수로서 생산이력추적제^{Traceability System}의 보급이다. 안전 확보를 위해서는 상품·서비스의 안전기준의 정비, 위해·결함 정보의 수집과 공표의 체계 확립도 매우 효과적이다.

소비자의 거래 · 계약의 적정화

　적정한 소비자 계약 관련 법칙은 소비사회의 핵이 된다. 소비자기본법은 제2조에서 「국가는 소비자와 사업자 간의 적정한 거래를 확보하기 위하여, 소비자 간의 계약을 체결한 때에 사업자에 의한 정보의 제공과 권유의 적정화, 공정한 계약 조항의 확보 등 필요한 시책을 강구한다.」라고 규정하였다.

　소비자는 납득한 계약에 의해 소비하는 것으로 만족도가 높아진다. 부적절한 방법에 의한 계약으로 불이익을 입히지 않도록, 소비자 계약의 적정화는 소비사회의 중요한 과제이다. 앞에서 본 것처럼 소비생활센터의 고충 상담 가운데 계약과 해약에 관한 것이 80%를 넘는다. 민사법에서의 소비자계약법과 금융상품판매법의 정비, 행정법상의 특정상거래법, 독점금지법 등에 의한 소비자 계약의 적정화 방책이 유효하게 적용될 수 있다.

계약에 이르는 과정에서 소비자로서 중요한 것은 ❶필요한 정보를 얻을 수 있을 것, ❷정확한 정보를 얻을 수 있을 것, ❸냉정한 판단이 가능할 것 등이다. 그리고 새로운 기술에 의한 소비재·서비스를 비롯한 모든 것을 구입하기 위해서 소비자는 충분한 정보를 얻을 필요가 있기 때문에, 사업자가 그것을 제공할 의무를 가지는 사회이어야 하고, 광고나 표시가 과대·허위여서는 안 된다. 그러기 위해서는 과대광고나 허위광고에 대한 벌칙과 감시체제가 정비되어야 하고, 표시에 혼란을 일으키지 않도록 표시에 대한 법규가 명확히 되어 있어야 한다. 물론 계량도 정확하여야 할 필요가 있으며, 냉정한 판단을 보장하기 위해서는 집요한 권유가 금지되어야 하고, 소비자 역량인 지식·경험·이해력·경제력에 맞는 권유가 필요하다.

1. 소비자 거래와 소비자 계약

소비자 거래라 함은 사업자와 소비자 사이의 매매 행위이며, 사업자가 영리를 위해 행하는 경제행위이다. 이것이 법적으로는 소비자 계약이 된다. 장을 보거나, 이발소에서 이발을 하거나, 전철을 타거나, 전화를 걸거나, 예금을 하거나, 집을 개축하는 모든 것이 계약—법적책임이 발생하는 약속—인 것이다.

계약이라 함은 「대립하는 복수의 의사표시의 합치에 의해 성립되는 법률행위」이고 증여, 매매, 차용, 청부, 고용, 위임, 기탁 계약 등이 있다. 신용카드 거래는 복수의 계약을 조합시킨 복잡한 계약이라고 말할 수 있다. 전문점에서 양복을 신용카드로 샀을 경우 소비자와 전문점은 매매 계약상품구입신청서와 상품의 양도, 소비자와 신용카드 회사는 대체지불 계약, 신용카드 회사와 전문점은 가맹점 계약의 세 가지 계약이 성립된다. 매매 계약을 예로 들어 계약의 기본을 정리해보자.

원칙적으로는, 서로가 합의하면 계약이 성립된다. 구두약속이라도 계약이 성립되며 계약서, 인감이나 서명 등은 증거가 되는 것이지만 그것이 없어도 계약은 성립한다. 계약은 이행하지 않으면 안 된다. 계약은 지키는 것이 룰이어서 원칙적으로는 취소나 해지가 불가능하다. 만약 계약을 지키지 않으면 위약금을 내는 것이 원칙이나 예외적으로 계약을 취소할 수 있는 경우도 있다.

예를 들면 사기나 협박에 의한 계약은 취소할 수가 있다. 또한 보호자의 동의 없이 미성년자가 계약을 한 경우미성년자의 계약는 취소할 수 있다. 그러나 미성년자의 경우라도 용돈 정도의 범위에 들어가는 소액의 계약이나 상대방에게 성년자라고 속인 경우에는 계약을 취소할 수 없는 경우도 있다.

2. 소비자계약법과 특정상거래법

소비자와 사업자는 정보의 양, 질, 교섭력 등에서 큰 격차가 있다. 소비자와 사업자가 대등하게 거래하기 위해서는 격차를 줄일 수 있는 거래 법규가 필요하다.

한편 생산력이 높은 성숙한 경제는 규제완화에 의한 시장의 자유로운 경쟁에 맡기는 방향으로 전환되고 있다. 소비자의 자기결정, 자기책임의 선택이 열쇠가 되고 있어서, 규제개혁 시대에 맞는 거래 법규로서 소비자계약법이 제정되어 소비자 계약의 당사자인 사업자와 소비자에게 노력 의무를 부과하고 있다.

먼저 사업자에게는 ❶계약 조항을 제정함에 있어서 계약의 내용이 소비자에게 명확하고 쉽도록 배려할 것, ❷계약 체결을 권유함에 있어서 소비자의 이해를 높일 수 있도록 계약 내용에 필요한 정보를 제공하도록 노력할 것을 지시하고 있다. 또한 소비자에게는 ❶계약을 체결할 때에 사업자로부터의 정보를 활용할 것, ❷계약 내용에 대해서 이해하도록 노력할 것을 지시하고 있다. 노력 의무이기 때문에 그것을 위반해도 의사표시취소나 손해배상책임 등은 발생하지 않지만, 소비자계약의 유효성을 높이는 조건이라고 생각된다.

소비자계약법에서는 소비자 계약의 체결 과정에서의 문제를 해결하기 위하여 사업자의 다음과 같은 행위에 의해 소비자가 오해하거나 곤혹에 빠졌을 경우에 소비자가 계약의 신청 또는 승낙의 의사표시를 취소할 수 있도록 했다. 여기서 오인이란 권유할 때 사업자가 중요 사실에 대해 사실과 다르게 알리거나, 장래에 변동이 불확실한 것에 대하여 단정적인 판단을 제공한다든지, 중요 사항에 대해서 이익이 된다는 취지의 말을 한다든지, 아니면 불이익이 되는 사실을 고의로 알리지 않는 등의 행위를 함으로써 발생되는 오인이다.

또한 계약 조항과 연관된 문제를 해결하기 위하여 소비자의 이익을 부당하게 침해하는 계약 조항을 무효화하는 규정도 설정되어 있다. 예를 들면 사업자의 채무불이행에 의한 손해배상책임이나 불법행위에 의한 손해배상책임을 전부 면제하는 조항 등은 무효화되어 있다. 소비자계약법은 소비자 계약의 모든 거래를 대상으로 한다.

소비자와 사업자 간에 행해지는 소비자 거래 가운데서 특정상거래법이 대상으로 하고 있는 거래는 사업자와의 교섭, 정보 격차가 큰 특수한 거래이다. 즉 ❶방문판매, ❷통신판매, ❸다단계판매, ❹전화권유판매, ❺특정계속적 용역제공, ❻업무제휴 유인판매 등이지만 이러한 것들은 통상 일반적인 거래와 달라 소비자가 거래를 위한 준비와 태세가 되어 있지 않은 가운데 권유를 받거나 상품이나 서비스 내용에 대한 정보가 소비자에게 불확실하거나 불충분할 위험성이 포함되어 있는 거래이다. 그렇기 때문에 청약 철회Cooling-Off가 적용되기도 하고, 광고나 표시에 대해서의 규제나 계약 과정에 대한 유의사항도 규정되어 있다.

3. 계량, 규격, 광고, 기타 표시의 적정화

일반적인 거래에서도 물건을 살 경우 상품 및 서비스의 양과 질을 생각하는 것 외에 올바른 계량과 표시, 규격 및 품질표시가 필요하다. 표시는 소비사회에서 소비자가 상품 및 서비스를 구입할 때에 근거로 삼는 정보이다. 생산과 소비의 거리가 멀리 떨어져 있어 어떻게 생산된 제품인지, 어떻게 제공된 서비스인지에 대한 정보를 소비자가 모르는 경우가 많다. 또한 고도의 과학기술이 집약된 상품 및 서비스에 대해서 소비자는 그에 대한 지식이 없기 때문에 표시의 역할이 매우 크다.

소비자기본법에서는 제13조에서 계량의, 제14조에서 규격의, 제15조에서 광고 및 기타 표시의 적정화를 규정하고 있고 국가의 시책으로서 자리매김을 하고 있다.

계량에 대해서는 계량단위의 통일과 정확한 계량기기의 공급, 상품의 중량 계량 등 계량법에 의한 정확성이 확보되어 있다. 또한 규격에 대해서는 농림물자의 규격화 및 품질표시의 적정화에 관한 법률[JAS법]과 일본공업규격표시제도[JIS 마크]가 있다.

JAS법에 의한 품질표시기준제도는 소비자에게 판매된 음식료품에 대해서 생선식품 품질표시기준, 가공식품 품질표시기준 등의 횡단적인 품질표시기준과 수산물품 품질표시기준, 현미와 정미 품질표시기준 등 특성에 따른 개별 품목마다의 품질기준이 설정되어 있다.

소비자의 관심이 높은 식품의 원산지 표시에 대해서는, 현재 표시가 의무화되어 있는 생선식품과 수입 가공식품 외에 생선식품에 가까운 가공식품도 2006년 10월부터 완전히 의무화되었다. 외식에 대해서는 사업자가 자주적으로 표시를 이행하기 위한 지침이 작성되어 있다.

또한 식품 품질표시에 대해서 서로 달리하던 식품위생법과 JAS법에서의 규정이 통일되었다. '상미기한'은 「정해진 방법에 의해 보존한 경우에 기대되는 모든 품질의 유지가 충분이 가능하다고 인정되는 기한을 나타내는 연, 월, 일」이며, 상미기한을 넘긴 경우라도 품질이 유지되는 것도 있다. 따라서 '소비기한'이란 「정해진 방법에 의해 보존한 경우에 부패, 변패, 기타의 품질 저하에 의해 안전성이 결여될 우려가 없다고 인정되는 기한을 나타내는 연, 월, 일」이라고 할 수 있다.

가정용품 품질표시법을 보면 소비자가 구입 시에 품질의 식별이 곤란하여 품질의 식별이 특별이 필요하다고 인정되는 것을 「가정용품」으로 지정하며, 그 표시의 표준으로서 표시사항, 준수사항을 규정하게 되었다. 위반행위에 대해서는 경제산업장관으로부터 시정 지시나 명령을 받게 된다. 섬유제품 35품목, 합성수지가공품 8품목, 전기기계기구 17품목, 잡화공업품 30품목을 대상으로 한다.

부당경품류 및 부당표시방지법경품표시법에서는 과대한 경품류와 부당표시허위·과대표시에 의한 부당한 고객유인 행위를 규제하여 공정한 경쟁을 확보하고, 소비자의 이익의 보호를 도모하는 것을 목적으로 한다.

　부당표시는 공정거래위원회가 지정한다. 구체적으로 경품표시법 위반에 의심이 있는 경우 공정거래위원회는 사업자로부터 사정청취를 하거나 자료수집에 의해 조사하며 부당성이 인정되는 경우에는 배제명령, 경고, 주의조치를 취하고 있다. 2004년에는 표시 관계로 21건의 배제명령, 21건의 경고, 650건의 주의조치를 취한 바 있다.

소비자 피해의 구제 법규

소비자의 피해를 원활하고 적절하게 구제하기 위하여 피해자의 입증 부담을 경감시키고, 제조업자에게 과실이 없어도 제품에 결함이 있으면 배상책임을 지게 하는 취지로 제조물 책임 제도가 도입되었다제조물책임법. 제품의 결함에 의해 생명, 신체 또는 재산에 손해를 입은 것을 증명한 경우 피해자가 제조업자에게 피해배상을 청구할 수 있다.

또한 원인규명 체제가 국민생활센터 등에서 충실히 강화되기도 하고, 제품분야별로 민간의 분쟁처리기관이 정비되어 있다. 법에 의한 분쟁 해결에 필요한 서비스를 제공하는 일본사법지원센터도 2006년도에 설립되었다. 재판외 분쟁해결 수속의 이용촉진에 관한 법률ADR법도 구제에 유효한 제도가 되고 있다.

크레디트카운슬링협회가 실시하고 있는 다중채무자의 구제와 생활 재건을 위한 카운슬링도 소비자 피해의 구제 제도의 하나이다. 좁은

의미에서의 구제뿐 아니라 퍼스널 파이낸스^{Personal Finance}라고 하는 개인
의 금전관리 능력을 육성하는 것에까지 미치는 넓은 의미에서의 구제
가 피해 예방에 연결된다는 점을 인식한 정책이라고 볼 수 있다.

환경을 생각하는 소비사회의 법규

소비사회는 대량생산, 대량소비, 대량폐기에 의해 지구 환경의 오염을 가져오고 있어 지속 가능한 사회 구축을 위하여 환경을 생각하는 소비사회로 전환할 필요가 있다.

환경을 생각하는 소비활동을 하는 소비자Green Consumer와 그것에의 유인이 열쇠가 된다. 환경에 대한 오염이 적은 상품을 알 수 있도록 환경에 관한 표시ECO 마크, Green 마크, 에너지 절약 마크를 하도록 한다.

폐기물로서 대량의 부하를 주는 주택과 건축물에 대해서도, 환경에 대한 부하의 저감底減과 주거성의 향상을 종합적으로 평가하는 건축물 환경 성능 평가 시스템이 생겨나 그의 활용 예도 생겨나고 있다. 또한 환경에 대한 부하가 적은 상품과 서비스를 구입하는 GPNGreen Purchasing Network이 있다.

폐기물 재활용 지침 환경보고서는 사업자가 해야 될 일이다. 환경 교육의 네트워크도 추진되고 있고, 지구온난화 방지 국민운동, 3R 보급계발, 환경보전체제 구축 지원 'ECO 패밀리', 환경 카운슬러, 지방 환경 파트너십 오피스 등의 거점 만들기도 추진되고 있으며 종합적인 녹색생산망^{Green Product Chain}의 실현이 제안되고 있다.

지금껏 소비자는 오직 피해자라는 인식 하에, 그렇게 되지 않도록 보호되는 존재로서 위치를 차지해왔다. 그러나 환경문제에서는 소비자가 가해자가 되는 경우도 있으며, 지적재산권 침해 물품^{해적판이나 모방품}을 구입하여 그에 대한 가해자가 되는 경우도 있어 소비사회에서의 소비자의 책임 있는 행동이 요청되고 있다.

정보화, 국제화된 경제사회에 부합되는 국제적 법규 제정이 반드시 확립되어 있는 것은 아니다. 어린이와 고령 인구가 늘어난 사회에서 어린이를 위한 마케팅, 고령자를 위한 판매·권유가 적절하게 이루어져 있지도 않다. 많은 자산을 가진 것 같아 보이는 성숙한 경제사회가 되어 있지만 금융상품, 투자 서비스의 적정한 거래 제도도 이제 시작 단계에 있다. 규제 완화, 개혁의 적극적인 전개가 이루어지고 있는 한편 자기기준 만들기가 진행되고 있지 않은 업계나, 진행되고 있어도 준수되고 있지 않은 경우도 허다하다.

이처럼 소비사회의 과제는 아직 많이 남아 있지만, 책임 있는 사업자상과 자립하는 소비자상 그리고 그 긴장관계 가운데서의 협력이 새로운 소비사회를 만들 것임은 확실하다.

part 04

현대의
소비자 문제

이 장에서는 소비자 문제의 발견과 역사, 현대사회 소비자 문제의 제상(諸相)을 서비스화의 진전, 기업행동, 안전, 규제개혁의 추진, 환경의식, 고도의 정보통신화와의 관계로 나타내고 그 특질을 생각한다.

소비자 문제의
현주소와 역사

현대의 소비자 문제의 특징은 무엇일까? 소비자 문제는 소비자의 생명, 신체와 연관된 안전, 건강의 문제를 비롯하여 소비자의 계약, 거래와 관련된 경제적 피해 등 폭넓은 생활 영역에 이르고 있다. 이러한 소비자 문제의 범위를 한정하는 핵심에는 현대인이 가지는 소비자라고 하는 성격이 있다.

현대사회에서는 누구나 모두 소비자이다. 생활의 면에서 보면 현대인이란 사업자 등으로부터 상품·서비스가 제공되는 시장에 의존하지 않으면 생활을 영위해갈 수가 없게 된 사람들이다. 그렇기 때문에 '소비자의 입장에서', '소비자의 관점에서' 등의 표현에는 현대인이 가지는 소비자라고 하는 측면으로부터 소비생활뿐 아니라 시장경제와 사회경제의 모든 문제를 붙잡으려고 하는 강한 의지가 내포되어 있는 것이다. 거꾸로 말하면 사람들에게 소비자라고 하는 자각이 없으면 소비자 문제의 존재와 발생조차도 깨닫지 못할 것이다.

현대의 소비자 문제는 넘쳐나는 상품 및 서비스에 둘러싸여 있는 것이 당연시되고 있는 풍요로운 사회에서 우리들이 소비자라고 하는 자각을 바탕으로 해결이 강구되지 않으면 안 된다고 인식된 생활문제와 사회문제에 관한 것들이다.

1. 소비자 문제의 사회문제화

일본에서 소비자 문제가 구조적인 사회문제로서 사람들에게 명확하게 인식된 것은 풍요로운 사회의 도래가 임박한 1960년대경부터이다. 생활에 필요한 재화의 생산, 유통, 판매 시스템의 근대화가 급속히 진행되고 생활물자의 효율적인 생산체제의 확립, 광역적인 유통 시스템의 보급, 고도의 과학기술에 입각한 신제품의 연이은 등장, 복잡한 판매 방법과 지불수단에 의한 소비의 촉진 등 대량생산, 대량유통, 대량소비의 체제가 경제사회에 서서히 뿌리를 내려가는 시기에 해당된다.

대량생산, 대량소비 시스템이 결함제품을 만들어냈을 경우에는 종래에 없었던 많은 소비자들에게 피해를 입히게 된다. 새로운 과학기술이 가져온 신제품약제·식품첨가물·화학비료 등이 많은 편리성을 가져다주는 한편 소비자의 건강을 침해하는 심각한 위험을 낳고, 통신판매와 할부판매신용판매와 같은 무점포 판매와 다양한 지불 방법의 보급이 상품 및 서비스의 과잉소비를 부추기는 결과를 초래했다. 새로운 소비 단계에 있어서 이러한 문제가 건강에 심각한 피해와 경제적 손해를 가져다주는 사회적 사건으로 많이 발생되고 있어 사회가 그 대책을 강구하지 않으면 안 된다는 문제인식이 팽배해졌다.

그러나 그 이전에도 사람들은 명확하게 인식하고 있지는 않았지만, 많은 소비자 문제가 발생하고 있었다. 1955년 여름, 서일본 일대에서 분유에 비소가 혼입됨으로써 유아의 생명과 건강에 심각한 피해를 입힌 중독 사건이 발생했다. 1만,2000명 이상이 피해를 입었고, 130명이 사망했다고 한다. 후에 '모리나가 비소 분유 사건'이라고 불린 심각한 소비자 문제의 발생이었다. 당초에는 원인불명의 희귀병이라고 했지만, 원인이 확실하게 밝혀진 시점에서조차도 많은 피해자들이 기업의 책임을 추궁하기보다는 유아에게 분유를 사서 먹인 자신을 질책하는 심리 상황이었다고 한다. 그 시기에는 아직 소비자 문제가 사회문제로서 인식되어 있지 않았기 때문이다. 다시 말해 소비자 문제라는 것은 모든 사람이 소비자일 수밖에 없는 현대사회의 구조에 뿌리를 두고 있는 문제로서, 사건의 사회문제화와 소비자 운동을 통하여 발견되었던 것이다.

2. 생활물자의 결핍 문제와 물가 문제

제2차 세계대전 후인 1945~1950년대는 생활의 기반이 파괴되었기 때문에 사람들의 생존조차도 위기에 처해 있었다. 생활물자가 극도로 결핍되어 물가는 치솟고 생명과 건강을 위협하는 식품과 열악한 제품이 성행하는 등 사람들을 위협하는 소비자 문제로 대두되었다.

전후 통제경제 하에서는 많은 생활물자가 배급제도에 따라 공급되었지만 배달이 늦거나 배송 중 사라지는 일이 지속적으로 발생하였다. 따라서 통제경제의 뒷면에서는 고가격의 암거래 물자가 넘쳐나고, 주식인 쌀 배급을 확보하기 위한 '쌀 보내기' 운동이 각지에서 널리 일어났다.

그러한 가운데 당시 부엌의 필수품이었던 성냥이 불이 붙지 않는 불량품이라고 고발되는 사례가 있었다. 이때 업자와의 직접 교섭에 의해 무료교환에 성공하려는 운동이 일어났다.

불량성냥추방주부운동1948년은 결함상품 문제라고 하는 소비자 문제를 고발한 시민운동이기도 하였다. 이것을 계기로 결성된 주부연합회는 그후 여러 가지 소비자 문제를 사회에 제기하였다. 이 시기에는 식량 부족 해소를 위해 수입한 쌀에 유독성 황색곰팡이가 부착하여 문제가 된 황변미 사건1954년, 지속적인 물가상승과 기업의 시장 독점화의 진행, 앞서 기술한 모리나가 비소 분유 사건, 정장제의 부작용에 의한 스몬병 사건[1955년] 등이 발생하였다.

　그후에도 급속한 경제 부흥 및 발전과 함께 생활물자 가격의 지속적인 상승이 오랜 기간 계속되어, 물가 문제는 최대의 소비자 문제 중 하나로 지속되었다.

3. 풍요로운 사회의 도래와 소비자 문제

　　　　고도 경제성장을 거쳐 풍요로운 사회를 실현한 1960~1970년대에는 고도성장의 빛과 그림자가 두드러지고, 소비자 문제에 대한 인식도 첨예화되었다. 소득의 상승은 사람들에게 물질적 풍요로움을 보장하는 반면 소외된 농촌의 황폐, 과밀화된 도시환경의 악화, 대기와 하천의 오염에 의한 공해 문제, 심각한 소비자 문제의 발생 등 그 그림자를 명백하게 드러냈다. 과학기술의 발달이 만들어낸 신제품이 소비자의 안전과 환경을 위협하는 문제가 여러 분야에서 발생하였다. 임산부가 복용한 약이 태아의 사지 형성에 심각한 영양을 준 살리도마이드 사건[1962년]은 일본에서 대응이 늦어 더 큰 피해를 내는 결과를 낳기도 하였다.

　합성세제와 화학적으로 합성한 식품첨가물에 대한 불안이 높아지며 이와 관련된 소비자 문제도 많이 발생하였다. 안전성에 의문이 있는 적색착색료의 사용 금지[1965년], 인화성 또는 분무 결함이 있는 헤어

스프레이의 제조 정지1966년, 공업용 제품인 PCB가 식품에 혼입된 카네미유증 사건1968년, 미국에서 발단이 된 결함 차 문제의 대두1969년, 두부 등에 사용된 살균제 AF_2의 추방운동1972년, 방사선 조사 감자의 안전성에 대한 불안1974년 등 소비자의 안전과 건강한 환경에 대한 권리를 침해하는 소비자 문제들이 그것이다. 또한 소비자의 알 권리를 침해하는 문제도 연이어 일어났다. 쇠고기를 사용했다고 표시된 통조림의 내용물이 거의 고래고기나 말고기라는 사실이 발각된 쇠고기 통조림 사건1960년은 식품위생법의 개정, 경품표시법 제정의 계기가 되었다.

주부연합회의 분말 주스 테스트 결과에서는 표시의 대부분이 내용물과 달라, 무無과즙인 레몬음료에 대하여 배제명령이 내려졌다1967년. 이 과즙 표시 문제는 사업자의 소송의 권리 확인을 요구하는 주부연합회 주스 재판1943년; 공정위원회에 대한 불복신청이 각하되어, 도쿄고등법원에 심결취소를 요구하는 소송을 제기, 식품 표시 문제가 처음으로 법정에서 다투게 됨으로 연결되었다.

소비자의 이익을 짓밟는 기업행동에 대해 광범위하게 소비자 운동이 고양된 것도 이 시기의 특징이다. 1974년 1차 오일쇼크 때는 생활물자의 가격 폭등과 물자 부족의 소요가 잇달아 일어났지만, 그 배후에서는 기업이 석유위기를 구실로 몰래 가격 담합을 맺거나 생활물자의 매점매석을 단행하기도 했다.

또한 200해리 시대를 맞이함과 더불어 이에 편승한 생선 은닉, 생선 굴리기 사건1976년 등도 있었다.

수출품과 국내 판매품의 가격 차이와 국내에서의 지정가격과 실판매가격의 커다란 갭이 문제가 된 칼라 TV 이중 가격 문제에 대해서는 전국의 소비자 단체가 연대하여 불매운동을 전개하였고[1970년], 가전제품의 가격을 대폭 인하하는 성과를 올리기도 하였다.

현대 소비자 문제의 실태

고도의 기술력과 생산력을 바탕으로 얻어진 풍요로운 사회의 실현은 한편으로는 본격적인 소비자 문제를 광범위하게 발생시키는 계기가 되었다.

열악한 품질과 기능을 가진 제품은 거의 자취를 감추었고, 사업자로부터 공급되는 상품 및 서비스는 소비자의 기본적인 욕망수요을 훨씬 상회하게 되었다. 소비자의 수요를 기대할 수 있다면, 수요를 만족시키기에 충분한 상품 및 서비스의 생산이 불가능하지 않은 시대를 맞이하였다. 소비자의 욕망은 보다 높은 품질과 기능의 제품을 요구하고, 또한 제품의 구입보다 각종 서비스를 이용하는 방향으로 확대되고 있다.

그러나 동시에 사람들은 시장에 의존하지 않으면 생활을 영위할 수 없는 상황이 되었고, 소비자가 전면적으로 의존하는 시장에서는 강대한 자본력과 기술력, 조직력, 정보력을 구비한 사업자기업와 각자 흩어져 살아가고 있는 개인인 소비자의 힘의 격차가 결정적으로 벌어졌다. 소비자는 사업자가 주는 정보에 의존하지 않으면 생활에 필요한 상품 및 서비스의 존재조차도 알 수 없어 제품의 품질이나 기능, 서비스의 내용을 이해하고 선택하는 것은 매우 어렵게 되었다. 따라서 상품 및 서비스의 구입이나 이용으로 피해를 입었을 경우 사업자라고 하는 강력한 상대와 교섭을 하지 않으면 안 되게 되었다. 시장에서 마땅히 대등해야 할 양자의 관계는 극도로 균형을 잃고 말았다.

한편 소비자 운동은 많은 소비자 문제를 제기하였고, 소비자의 관점에 선 매스컴 보도 등에 의해 사람들의 소비자로서의 인식은 매우 높아졌다. 소비자 문제의 해결을 위해서는 법률 등에 근거한 정책적인 대응이 필수적이라는 것이 인식되며 소비자보호기본법 제정1968년; 2004년 소비자기본법으로 전면 개정을 시작으로 소비자 이익의 보호, 향상이라는 관점에서 기존의 법률 개정과 새로운 입법, 제도 개혁이 추진되었다.

현대 소비자 문제의 특징은 급격한 경제와 생활양식의 변화에 따라 새로운 형태로 발생되고 있어, 그것을 해결하기 위해서는 법률과 제도를 실효성 있게 개선함과 동시에 소비자 스스로의 문제에 대한 확고한 자세가 필요해졌다는 점이다.

1. 서비스화의 진전과 소비자 문제

경제의 서비스화 및 정보화가 급속하게 진행된 1980~1990년대에는 소비자의 안전을 위협하는 상품의 소비자 문제와 함께 소비자에게 일방적으로 불리한 거래 · 계약의 문제, 유리한 자산운용을 미끼로 소비자로부터 거액의 금전을 가로채는 사기적 상법 문제, 소비자의 신용카드 과잉 사용 문제 등이 표면화되면서 소비자 문제의 내용이 제품 문제로부터 거래 문제로 크게 변화하였다. 금융, 보험, 회원권, 여행, 레저, 자격취득, 미용 등 서비스 거래와 관련된 소비자 문제의 비중이 급속하게 증가함과 동시에 방문판매와 통신판매 등 점포 이외의 장소에서의 권유와 판매 문제가 계속하여 대두되었고, 풍요로운 사회에서의 문제 상황은 지금도 계속되고 있다.

금융자산의 보전과 운용에 관한 소비자 문제로는 돈의 구입을 권유하면서 현물 대신에 예금증서와 운용에 따른 이익이라고 칭하는 것만을 먼저 건네주고 실제로는 돈의 구입도, 운용도 하지 않는 사기 상법으로 다수의 피해자를 발생시킨 도요다상사 사건[1985년], 국채를 이용하여 무한다단계금지법의 법망을 빠져나간 국채 네즈미계 사건[1988년], 이자를 늘리기에 유리하다고 속여 많은 금액의 자금을 모집하여 파탄을 일으킨 KKC[경제혁명클럽] 사건[1997년], 일정 기간 후에 되사주는 것을 보장한다고 약속하여 고액의 보석을 강매한 채 파탄해버린 코코야마오카 사건[1997년] 등이 일어났다.

또한 복수의 고금리 사채업자로부터 빌린 돈을 갚지 못하는 다중다액채무 문제는 채무자의 가정파탄과 자살, 증발로 이어져, 1980년경에는 '사라금지옥'이라 불리며 사회문제화되었다.

그후에도 문제는 더욱 심각해져서, 1998년도에는 개인의 파산신고 건수가 10만 건을 돌파하였고, 매년 기록이 경신되는 가운데 2003년도에는 과거 최악에 달하는 24만 건을 넘어섰다. 2004년도에는 약간 감소하였지만 그래도 20만 건을 웃돌고 있는 실정이다. 소비자의 안이한 차용이라는 면도 있지만, 이러한 상태가 된 최대의 요인은 갚는 것이 불가능하다는 것을 알면서도 돈을 빌려주는 악덕업자의 횡포가 끊이지 않고 있다는 것이다. 채무로 괴로움을 겪고 있는 소비자를 미끼로 정리업소다수의 대부업자에 대한 채무를 하나로 하여 반제를 용이하게 한다고 유혹하여 높은 금리의 차입금을 지우게 함, 소개업소채권자에게 별도의 고리대부업자를 소개하여 고액의 소개료를 요구함, 매수업소채권자로부터 신용카드나 론(LOAN)으로 사게 한 상품을 매수하여 극히 적은 자금으로 채무를 부풀리게 함가 암약하며 채무자를 더욱더 곤경에 빠뜨리는 상태가 계속되고 있다.

오늘날과 같은 저금리 시대에 소비자에게 고리대부가 행해지고 있는 배경에는, 법률이 정리가 안 된 점도 있다. 이자제한법이 정한 상한선10만 엔 미만에서는 연 20%을 초과한 금리는 무효이지만, 처벌의 대상이 되는 것은 출자법이 정하는 상한금리대부업자의 경우는 29.2%를 초과하는 경우이다. 또한 차입자가 임의로 갚는 등 일정한 조건을 만족시키기만 하면 대부업자가 이러한 중간의 그레이 존Grey Zone 금리를 수취하는 것이 인정되고 있다. 이러한 조건을 엄격하게 해석하는 법원의 판단이 지속되는 가운데, 2006년도에 대법원이 임의로 지불한 경우에도 이자제한법의 상한을 초과하는 금리는 무효로 판결함으로써 그레이 존 금리의 철폐에 대한 검토가 시작되고 있다.

2. 사업자(기업) 행동과 소비자 문제

많이 발생하는 심각한 소비자 문제의 경험으로부터 소비자의 안전과 이익을 지키기 위하여 사업자기업의 행동을 규제하는 각종 법률과 제도가 정비되었다.

그러나 현대 소비자 문제의 특징은 이러한 법률과 제도가 존재하는데도 사업자가 그러한 것들을 엄수하지 않음으로써 발생된 소비자 문제가 많다는 것이다.

의도적으로 법망을 용이하게 빠져나가는 악덕업자는 옛날부터 존재해왔고, 앞으로도 근절하는 것은 불가능할 것이다. 뿐만 아니라 소비자의 이익을 지키는 법률과 제도가 정착된 최근에 와서도 일본의 경제계를 리드해온 최고 수준의 사업자에 의해 소비자의 안전과 이익이 무시되는 사건이 많이 발생하고 있어 사업자의 법령 준수 경영이라는 문제에 새로이 초점이 모아지고 있다.

2000년대에 들어서도 유키지루시유업에 의한 식중독 사건2000년, 미쓰비시자동차공업의 리콜 은폐 사건2000년, 식육의 위장 표시 사건2001년을 시작으로 소비자의 건강과 직결된 식품의 위장 표시 연이은 발각2002년, 무인가 향료를 사용한 식품 등의 대량 회수2002년 등 부정경쟁방지법 위반 및 경품표시법 위반, 일본농림규격JAS법 위반에 해당하는 사건들이 끊이지 않았다. 이는 소비자의 안전의 권리와 알 권리를 지키고자 하는 법률을 무시한 행동이다. 사업자로부터의 정보만으로는 자신의 생명과 건강을 지킬 수 없는 소비자에게 식품 위장 표시 사건은 커다란 충격을 가져다주었다. 원산지 표시 및 가공업자명 표시의 위장, 소비기한의 연장 등의 위장 표시는 쇠고기, 돼지고기, 닭고기뿐만 아니라 야채 등 수많은 식품에 해당되고 있어 식품표시 전반에 대한 소비자의 신뢰가 크게 흔들리고 있다. 이러한 사태에 대하여 국민생활심의회 소비자정책부회는 부회장 담화문을 발표하여 식품표시 위장 사건의 많은 발생에 의해 식품표시제도에 대한 소비자의 신뢰가 손상되고 있어 식품의 제조·판매 등에 관련된 사업자는 신뢰 회복을 위해 법령 등 준수 체제를 개선하여야 하고, 복수의 정부기관이 관계하는 식품표시제도의 종합적인 대책이 강구되지 않으면 안 된다고 지적하였다.

그리하여 식품의 안전 확보 시책의 종합적인 추진을 목적으로 식품안전기본법이 제정되었고2003년, 리스크 관리를 담당하던 기관으로부터 독립하여 식품의 건강에 대한 영향리스크평가 심사를 위하여 내각부에 식품안전위원회가 신설되었다.

또한 식품의 위장 표시 사건과 자동차의 리콜 은폐 사건 등이 사업자 내부 관계자의 고발이 계기가 되어 밝혀짐으로써 내부 관계자의 통보가 사업자의 위법행위와 부정행위의 시정뿐 아니라 소비자의 안전과 이익을 지키기 위해서도 중요하다는 것이 재인식되었다. 그러나 공익을 위한 내부고발이라 할지라도 사업자 내에서는 배임행위로 간주되어 통보자가 해고나 징계 처분 등의 보복적인 인사를 당하는 경우도 있다. 그렇기 때문에 공익을 위한 통보자를 보호하는 제도의 검토가 급선무가 되었다. 언론과 같은 사업자 외부로의 통보에는 통보 내용과 영향, 통보 순서와 수순에 엄격한 요건이 있는 등 적지 않은 문제가 남아 있지만, 지속적인 행정 감시 체제의 보완과 사업자의 확실한 법령 준수를 통하여, 소비자의 이익을 지키는 등의 공익을 위한 통보자를 보호하는 '공익통보자보호법'이 제정되었다[2004년].

3. 소비자 안전을 위협하는 소비자 문제

소비자의 생명과 건강을 위협하는 소비자 문제는 과거의 일이 아니다. 오히려 국제화의 진전과 고도의 과학기술의 응용으로 더욱 복잡하고도 새로운 형태로 발생하고 있는 것이 현실이다.

예를 들면 광우병[BSE]의 경우 1984년에 영국에서 처음으로 BSE 감염 소의 이상증상이 주목되었고, 그후 BSE 감염 소의 존재는 유럽을 비롯한 세계 각국에서 연달아 확인되었다. 2001년도에는 처음으로 일본에서도 발견되어 감염원이 되는 육골분 등의 사용 금지, 특정 위험 부위의 제거, BSE 전두全頭 검사 등의 조치가 취해졌다. 더욱이 2003년에는 미국과 캐나다에서 자국 내의 BSE 감염 소가 확인되어 정부는 쇠고기 및 쇠고기 제품 등의 수입을 잠정적으로 인정하지 않는 조치를 내린 바 있다. 2005년 식품안전위원회의 위험성 평가에 관한 심의 결과를 얻어 수입 재개를 결정했지만, 2006년 수입된 미국산 쇠고기에서 위험 부위의 혼입이 확인되었기 때문에 모든 미국산 쇠고기의 수입 수속을 정지하였다.

또한 유전자변환식품변환 DNA 기술응용식품·식품첨가물의 문제에 대해서는 DNA 기술의 실용화, 국경을 초월한 유통의 확대 등 앞으로 더욱 개발이 진전될 것으로 예상되어 소비자의 건강뿐 아니라 유전자변환 생물종이 확대될 경우 생태계에 미칠 영향 등도 우려되고 있다. 2001년부터 식품위생법과 JAS법에 의거 유전자변환식품의 표시가 의무화되어, 안전성 심사를 받지 않은 유전자변환식품의 수입·판매 등이 금지되었고, 2003년부터는 유전자변환식품의 안전성 심사는 식품안전위원회의 의견을 청취하여 행하도록 되었다.

게다가 도쿄 롯폰기에서 거대한 자동회전문에 남자 어린이가 머리가 끼여 사망하는 참사가 일어났다2004년. 회전문에 끼인 사고는 이 건물에서도 과거에 수십 번이나 일어났고 장기간에 걸쳐 그러한 사고가 각지에서 지속적으로 일어나고 있음에도 불구하고 충분한 안전 대책이 이루어지지 않고 있음이 확인되었다.

한편 언론에 보도되는 경우는 드물지만 가정 내에서 제품에 관련한 사고도 많이 발생하고 있고, 그중에서도 유아와 고령자가 사고를 당한 경우가 많다. 유아의 경우에는 잘못하여 물건을 삼킨다든지, 욕실에 빠진다든지, 화상을 입는 경우가 많고 고령자의 경우는 계단에서 넘어진다든지, 거실이나 욕실에서 넘어진다든지, 음식물이 목에 걸린다든지 하는 경우가 많다.

4. 규제개혁의 추진과 소비자 문제

국가적인 규제개혁의 추진은 정부가 각종 규제를 폐지, 완화함으로써 보다 자유롭고 활력 있는 시장을 중심에 둔 새로운 경제사회로의 전환을 목표로 한다. 이는 사람들의 생활영역의 보다 광범위한 부분이 자유로운 시장경제 메커니즘에 의한 조정·해결에 맡겨지는 것, 바꾸어 말하면 소비자와 사업자 간의 자유로운 계약에 의한 거래의 범위가 급속히 확대되고 사람들의 생활이 보다 전면적으로 시장에 의존되는 것이다. 따라서 소비자 문제에 직면할 가능성은 한층 더 높아졌다.

규제개혁의 추진에 의해 사업자의 새로운 시장 참여가 용이해지고, 소비자에게는 다양한 상품과 서비스가 제공됨으로써 선택의 폭이 비약적으로 넓어짐에 따라, 사업자에게는 안전하고 질 좋은 상품 및 서비스를 제공해야 하는 책임이, 소비자에게는 상품 및 서비스에 관한 충분한 지식과 정보를 기초로 한 선택의 결과에 대한 소비자 자신의 자기책임이 강조되고 있다.

규제개혁의 추진은 IT, 경제정책, 법무, 금융, 의료, 복지, 노동, 농림수산업, 유통, 에너지, 운수, 주택, 토지, 환경 등 생활에 밀접하게 관계하는 폭넓은 분야에 이르고 있다. 생활과 관계가 깊은 복지 분야에서는 2000년부터 개호보험법介護保險法이 시행되었다. 간호 서비스의 이용자는 사업자를 골라서 계약을 체결하고, 그 사업자가 제공하는 각종 서비스를 이용하여, 보험에서 지불되는 비용 외에 일부는 자기가 부담한다. 다시 말하면 이용자는 자신에게 적합한 서비스를 선택, 계약, 이용하는 소비자의 입장에 놓이게 되었다. 간호 서비스의 안전과 품질에 연관된 소비자 문제도 발생하고 있어, 새로운 문제로 대두되고 있다.

또한 금융·보험 분야에서는 1980년대 후반부터 서서히 규제개혁이 추진되어왔지만, 1996년에는 일본판 금융 빅뱅이 제창되었고, 2000년에는 금융청이 발족되었다. 이러한 흐름 속에서 새로운 금융·보험상품 및 서비스가 개발됨과 동시에 은행과 보험회사의 소비자에 대한 권유도 보다 적극적이 되었다. 재산운용과 보험을 겸한 것으로 생명보험회사가 경쟁적으로 판매한 변액보험융자형 변액보험은 1992년 버블 경제의 붕괴와 함께 권유 시 설명한 운용이익은 허위가 되었다. 일시불이 가능했기 때문에 토지 등을 담보로 융자를 받아 구입한 소비자는 운용이익이 마이너스가 되었을 뿐만 아니라 돈을 갚아야 하는 괴로움도 겪어야 했다.

복잡한 금융·보험상품의 계약에서는 사업자가 정한 계약 조항에 대해 소비자가 교섭하여 내용을 변경할 여지가 별로 없는 것이 실상이므로, 소비자에게 충분한 설명을 의무화하는 '금융상품판매법'이 시행되었고2001년, 투자자 보호를 위한 횡적 정비를 위해 '금융상품거래법'이 제정되었다2006년. 1997년에는 일산생명보험과 북해도척식은행 등 거대한 금융기관의 경영 파탄이 잇달았고, 금융 및 보험회사의 도산도 예외는 아니었다. 종래의 금융기관에 대한 까다로운 규제는 한편으로는 금융기관의 경영 파탄을 피하게 하고, 소비자 또한 금융·보험상품이나 서비스를 자주적으로 선택할 여지가 좁은 대신에 금융자산은 어느 정도 보호된다고 생각되었다. 2005년부터는 당좌예금과 이자가 붙지 않는 결제용의 보통예금은 전액 보호되지만, 정기예금이나 이자가 붙는 보통예금 등은 한 금융기관에 대해 예금자 한 사람, 그것도 1천만 엔까지와 그 이자가 예금보험기구에 의해 보호받게 되었다. 금융 분야 구제 개혁의 진전과 함께 소비자는 상품 및 서비스의 특성은 물론 금융기관의 경영 상태까지도 선택과 판단의 기준에 넣지 않으면 안 되게 되었다.

5. 환경의식의 고양과 소비자 문제

대기, 수질, 토양 등의 오염에 의해 사람들의 생명과 건강이 침해를 받는 문제는 1960년대부터 공해 문제라고 불리며 심각해졌다. 처음에는 급격한 고도 경제성장의 어두운 일면으로 생각되어 주로 산업폐기물에 의한 환경오염이 특정 지역주민의 건강에 피해를 준 문제로 소비자 문제와는 별개의 것이라 생각되었다. 그러나 PCB가 식품에 혼입된 카네미유증 사건이 발생하면서 하천과 바다에 들어간 PCB에 오염된 어패류가 식탁에 올라 모유나 머리카락에서도 PCB가 검출되어, 산업용 화학물질이 소비자의 생명과 건강에도 직접적으로 위해를 가할 수 있는 위험성이 있다고 인식되었다. 더욱이 쾌적하고 편리한 생활을 지탱하고 있는 다양한 화학물질의 사용이 사람들의 생활환경과 자연환경을 악화시킬 뿐 아니라 광범위한 소비자의 생명과 건강에 직간접적으로 악영향을 끼치게 되어, 지구 전체의 환경과 생태계에도 중대한 영향을 준다고 하는 인식이 널리 퍼지게 되었다. 소비자의 환경의식이 높아짐에 따라 대량생산에 수반되는 산업폐기물 문제만을 환경문제의 원인으로 돌리는 데서 나아가 대량생산을 지탱하고 있는 대량소비를 당연한 것으로 생각하는 사람들의 소비 형태 자체에도 반성의 압박이 가해졌다. 지구를 둘러싼 태양으로부터의 유해한 자외선을 차단하는 역할을 하고 있는 오존층의 파괴에는 냉장고의 냉매와 스프레이 류의 분무제로 사용되는 프레온가스 등의 영향도 있다. 지구온난화의 원인이 되는 대기 중의 이산화탄소CO_2 등 온난가스의 증가는 자동차와 난방을 위해 사용하는 석유원료의 연소와도 관계가 있다. 열대우림의 감소는 인구증가에 의한 연료 채취와 화전 및 방목을 위한 전용, 선진국에의 목재 수출을 위한 벌채 등의 영향이 크다.

또한 환경 중에 방출된 화학물질이 생물의 내분비 기능에 영향을 미치는 환경호르몬내분비 교란 화학물질의 문제도 심각해지고 있다. 극히 적은 양으로 작용함과 아울러 체내에 축적되어 생육과 발육 및 차세대에 영향을 줄 위험성을 가지고 있다. 약 70종류의 화학물질이 생명 시스템에 미치는 영향에 대해서는 아직까지 밝혀지지 않고 있는 상태이다.

산업폐기물뿐 아니라 소비자가 배출원이 되는 가정쓰레기 문제도 주목해야 될 문제이다. 쓰레기 처리 능력이 한계에 도달해 있는 것과 더불어 쓰레기의 소각처리에 수반되어 발생하는 화학물질인 다이옥신류가 커다란 사회불안을 야기하였다1999년. 발암성 등의 독성이 확인되어 있고, 대기나 하천을 통해 호수나 늪 · 바다의 수중이나 바다 진흙에 널리 퍼져 있어 먹이사슬을 통해 어패류 등에 축적되었다가 인체에 섭취되는 것으로 추정된다.

쓰레기 감량과 재활용의 추진을 위해서는 정부와 사업자뿐 아니라 소비자의 역할도 중요시되고 있다. 폐기물의 적정 처리와 재활용의 추진을 목적으로 정부 및 사업자와 함께 소비자의 책무를 함께 담은 '순환형사회형성추진기본법'이 2001년 시행되었고 산업, 가정을 불문하고 폐기물이 부여하는 중대한 영향에 대해 법률과 제도의 정비가 추진되었다. 개별적 품목의 재활용에 대해서는 용기포장재활용법2000년, 가전재활용법2001년, 식품재활용법2001년, 건설재활용법2002년, 자동차재활용법2005년 등의 법률이 시행되고 있다.

예를 들면 가전재활용법에서는 지정된 가전제품세탁기 · 냉장고 · 냉동고 · 에어컨 · 텔레비전을 폐기할 때 제품을 산 판매점에 대하여 소비자구입자는 수집, 운반, 재활용 경비를 부담하도록 되어 있다. 또한 지자체가 수집하는 가정쓰레기에 대해서도 쓰레기의 종류와 배출량에 따라 부담을 요구하는 쓰레기 유료화의 추진이 시험적으로 실시되고 있다.

소비자가 적정한 서비스의 대가를 부담하면 기대하는 형태로 쓰레기 문제가 해결될 것인가 하는 등, 이는 새로운 분야의 소비자 문제가 될 가능성이 있다.

6. 고도의 정보통신화에 따른 소비자 문제

인터넷의 급속한 보급으로 대표되는 고도의 정보통신 네트워크의 진전은 세계적으로 쌍방향 커뮤니케이션을 실현하였고, 상업적 이용을 위한 중요한 수단으로서도 급성장하였다.

정보통신 네트워크를 통한 상거래는 당초 사업자 사이에B to B; 기업 대 기업 행해지는 것이 중심이었지만, 사업자와 소비자 사이B to C; 기업 대 소비자의 전자상거래 시장이 소비자를 끌어들이면서 세계적 규모로 확대되었다. 더욱이 인터넷 경매의 경우에는 소비자가 판매자이기도 하고 구매자이기도 하기에 소비자 사이(C to C; 소비자 대 소비자)의 계약과 거래와 관련된 문제도 발생하고 있다.

인터넷의 이용이 급속하게 보급된 시기에는 가정의 개인 컴퓨터를 인터넷에 접속하는 서비스를 제공하는 공급자와 업자가 난립하였고, 허위광고에 의한 부당한 권유와 계약 불이행 등이 소비자 문제가 되었다. 또한 국제 네즈미계의 적발(1998년), 국제 복권 권유 문제의 발생(2000년) 등 인터넷을 통해 불특정 다수의 소비자에게 위법한 거래가 횡행하여 정보통신 네트워크를 광고·권유의 수단으로서 악용하는 업자에 의한 소비자 피해가 많았다.

더욱이 공급자와 가정 간에 전화회선으로 연결되는 경우가 많았던 초기에는 소비자가 인터넷상의 특정 사이트에 접속하면 PC의 설정을 해외 공급자에게 접속하도록 고쳐 쓰는 프로그램이 일방적으로 다운로드되고 이후 인터넷을 이용할 때 국제전화를 이용하게 되어 고액의 이용요금이 청구되는 사건이 많이 발생하였다.

정보통신 네트워크를 통한 국경을 넘어선 전자상거래 시장은 소비자가 상품 및 서비스를 선택하기 위하여 필요한 방대한 지식과 정보의 입수를 가능케 했고, 전자적인 커뮤니케이션에 의해 거래와 계약을 실행하는 온라인 쇼핑도 가능케 하였다.

전자상거래 시장에서는 누구나가 자유로이 시장에 참여하기도 하고 철회하기도 할 수 있는 반면, 존재하지 않는 사업자를 위장한 행동이나 가공의 거래·계약을 맺는 것도 불가능한 일이 아니다. 그렇기 때문에 대금을 지불했는데도 물건이 도착되지 않는다든지, 사이트에 표시된 계약 내용이 지켜지지 않는다든지, 계약을 했는데도 불구하고 상대가 몰래 자취를 감추는 등 여러 가지 소비자 문제가 발생하고 있다.

또한 급속하게 보급된 휴대전화는 누구나 언제 어디서든 일상적으로 정보통신 네트워크를 이용할 수 있게 한 반면, 네트워크를 이용한 악질업자의 무차별적인 권유와 상투적인 광고 수단이 되고 말았다. 착신기록에 남겨진 전화번호로 다시 걸면 유료의 정보제공서비스에 일방적으로 접속되기도 하고, 착신한 전자메일에 회신했을 경우 고액의 이용료를 청구하는 메일이 도달하기도 하며, 전혀 이용했던 기억이 나지 않는 정보이용료의 허위 청구, 권유의 의도를 숨긴 수많은 스팸메일의 착신 등 불특정 소비자에 대한 악질적인 수법들이 잇달아 등장하고 있다.

종래의 통신매체인 전화와 우편을 이용한 수법도 악질화되어 교통사고 합의금, 정보이용요금, 차입금 반제와 융자보증금 등의 명목으로 위장하여 교묘하게 전화를 걸기도 하고 협박에 가까운 문서를 보내기도 하여 지정한 계좌로 현금을 입금하도록 하는 사기와 공갈 등의 불입사기사건예를 들어 오레오레 사기, 허위 청구 사기, 융자보증금 사기 등이 사회문제화되었다2004년.

부당·허위 요금 청구 등의 악질 수법의 배경에는 거의 무방비 상태에 있는 소비자의 개인정보를 용이하게 취득할 수 있다는 점이 있다. 네트워크를 통한 불특정 소비자에 대한 무차별적인 권유에 대하여 살펴보면 소비자로부터 사이트에의 접속과 전자메일 및 전화 등의 반응이 있으면 전자메일 주소나 전화번호 등의 정보가 취득된다. 무료의 정보이용과 상품 송부를 위해서라든가 회원등록이나 현상금 응모의 조건 등을 걸어 주소, 이름, 성별, 연령 등의 입력을 요구하는 경우가 적지 않다. 길거리에서 개인정보를 기입시키는 앙케이트 조사나 각종 명부의 매매도 이루어지고 있다. 다른 사람에게 알리고 싶지 않은 개인의 사적 정보가 공개된다고 하는 프라이버시 문제를 넘어 개인정보가 사업자 활동에 적극적으로 이용되어 사업자가 소유하는 개인정보의 대량 유출 사건이 끊임없이 일어나고 있다. 때로는 금전 취득을 목적으로 악용되는 경우도 있어, 개인정보의 문제는 새로운 소비자 문제의 양상을 드러내고 있다.

더욱이 정보통신기술을 구사할 수 있는 소비자뿐 아니라 PC와 휴대전화의 이용이 익숙하지 못한 고령자와 기술적으로 사회경험이 미숙한 어린이들까지 끌어들여 급속하게 진전되고 있다. 정보통신기술이 제공하는 미디어를 자신을 위해 이용할 지식과 기술에 관해 소비자 간의 정보 격차Digital Devide가 크기 때문에, 누구든지 자유로운 의사에 따라 참가할 수 있는 안전한 네트워크 사회의 실현이 요구된다.

7. 소비자법의 정비와 소비자 문제

정부가 개별적 규제법에 입각하여 실행해오던 시장규제를 완화하는 한편으로 사업자에 비해 약한 입장에 처해 있는 소비자의 이익을 규정한 소비자법의 정비가 진전되었다. 이는 시장의 당사자인 사업자와 소비자가 일방적으로 준수해야 할 룰로서 제조물책임법의 시행1995년과 소비자계약법의 시행2001년이 그 대표적인 예이다. 현대의 소비자 문제의 특징은, 소비자의 이익을 손상시키는 사업자의 행위에 대해서 정부의 개입에 의한 구제를 기대할 뿐 아니라 사업자가 지켜야 할 시장 룰에 위반하는 행위는 법정에서 증명하는 소비자의 행동에 의해 새로운 소비자 문제의 존재가 발견된다는 점이다.

경제사회에 정착됨으로써 그 진실된 힘을 발휘하는 소비자법이지만, 소비자의 이익을 지키기 위한 행동에 활용되는 경우가 눈에 띄게 많아졌다.

소비자계약법에 관해서 사립대학이나 전문대학이 입학 후 학교를 그만둔 학생에 대하여 납입된 입학금과 등록금 등의 전납금을 반환하지 않는 관습적인 행위가 문제가 되었다. 학생이란 학교가 제공하는 교육 서비스 등을 이용하는 소비자이고 서비스를 제공하는 측의 학교는 사업자라고 생각하면 이 문제는 소비자 문제의 하나에 속한다고 할 수 있다. 소비자계약법 위반을 이유로 처음으로 수험생 56명을 원고로 하여 결성된 오사카의 변호단이 사립대학, 단기대학, 전문대학 등 28

개 대학을 상대로 관서 제3지방법원에 제소하면서[2002년], 이미 납입한 금액의 반환을 요구하는 소송의 움직임이 전국적으로 확대되었다[2003년]. 그후 자발적으로 납입한 금액을 되돌려주려는 방침을 세운 대학이 늘고 법원의 판결도 연이어 금액 반환 쪽으로 흐르고 있어, 수업료는 반환하지 않으면 안 되게 되었지만, 입학금은 입학할 수 있는 자격·지위를 보증한다고 하는 증거가 있다는 점에서 반환하지 않는 쪽으로 정착되고 있다.

또한 임대 아파트와 맨션을 임차인이 퇴거할 때 당연히 원상복구의 비용을 부담하고 나머지 보증금은 반환되어야 함에도 불구하고 반환은 커녕 추가비용까지 청구하는 문제도 자주 발생하고 있지만, 전통적인 관습이라 하여 임차인인 소비자가 할 수 없이 따르는 경우가 많았다. 이 문제에 대해서도 소비자계약법에 위반되는 것이 아니냐며 보증금 반환 소송을 제기하는 경우도 늘어가고 있다. 간이재판소의 소액소송제도를 변호사나 법무사 등이 적극적으로 활용함으로써 소비자의 주장을 인정하는 판결을 내리는 쪽으로 유도되고 있다. 교섭력이 약한 소비자를 일방적으로 불리한 입장에 서게 했던 종래의 관습이 소비자 문제로 인해 다시금 제자리를 찾게 되었다.

제조물책임법에 관련해서는, 오사카지방법원이 1988년에 텔레비전 발화에 의해 맨션의 일부가 정전된 사고에 대해 제품의 결함을 인정함과 동시에 과실을 추정하겠다며 가전 제조사의 책임을 인정하는 제조물책임법 판결을 내렸다[1994년]. 그후 제조물책임법의 시행으로부터 겨우 10년을 넘긴 시점에서 이 법에 입각한 제소는 67건이나 증가되어, 제품의 결함에 의해 손해를 줄 가능성이 있는 모든 것에 대하여 제조자가 책임을 질 의무가 있기 때문에 제조물 책임이 제조자와 사업자 간의 계약의 유무를 떠나서 성립되는 법적 책임이라는 의식이 정착되었다.

현대 소비자 문제의 특질

소비자 문제는 상품 및 서비스와 정보로 넘쳐나는 풍요로운 사회의 도래와 함께 구조적인 사회문제가 되었다. 풍요로운 사회는 역사적으로는 시장경제를 중심에 둔 경제 선진국들에서 실현된 것이기 때문에 소비자 문제는 소비자가 의존하여 생활할 수밖에 없는 시장의 구조에 뿌리를 둔 문제라고 말할 수 있다. 현대에 있어서의 그 특질은, 시장에 의존하는 사람들의 이상적인 생활방식이 더욱 철저해짐으로써 사람들이 생활에 필요한 상품과 서비스를 구매하는 시장은 자유로우면서도 공정한 룰에 의거, 소비자와 사업자가 대등한 입장에서 참가할 수 있는 것이 아니면 생활의 안전과 풍요로움을 도모할 수 없다는 것이 명백해졌다는 것이다.

소비자기본법2004년 시행은 기본이념에서 소비자의 권리를 들고 있고 소비자의 자립에 대한 양성이 소비자 정책의 기본이라고 규정하고 있다. 시장을 형성하는 주체인 소비자와 사업자가 소비자의 권리와 소비자의 자립을 실현하기 위하여 소비자 문제의 해결에 적극적으로 대처해야 하는 역할을 강조하고 있다. 기본법의 취지에 따르자면 시장에서 양자가 준수하지 않으면 안 되는 공통의 룰에 소비자의 권리 실현이라는 관점이 반영된 소비자법의 정비가 더한층 절실해진다. 소비자의 권리를 지키는 법률과 제도가 없어도 모두가 대등했던 시대와는 달리 현대의 소비자 문제는 소비자의 이익을 위해 시장이 적정 기능을 발휘하도록 하는 법규가 경제사회에 정착하여 충분한 효과를 발휘하지 못함으로써 발생하는 경우가 많다.

소비자 권리와 소비자의 자립을 실현하기 위해서는 시장의 주체인 소비자, 사업자, 시장의 룰을 확실하게 집행하는 행정, 이 3자의 긴밀한 연계가 필요한 것은 두 말할 것도 없다.

여하튼 소비자에게는 소비자 룰에 반하는 행위에 대해 스스로의 권리를 지키기 위해 법정에서 법규의 확인을 요구하여 위반행위를 중지시키는 행동도 필요하다. 2006년도의 소비자계약법 개정에 의해 소비자의 단체소송권이 규정되었으므로, 현대의 소비자 문제를 적극적으로 제기하는 소비자의 역할이 기대된다.

part 05

소비자와
소비자 정책

이 장에서는 소비자 정책을 보는 관점을 보여주고, 일본의 소비자 정책을 20세기형 소비자 정책의 구축, 21세기형 소비자 정책의 모색, 21세기형 소비자 정책의 수립으로 구분하여 그 특징을 이해하고 소비자 정책과 그에 대한 평가를 내려본다.

소비자 정책을 보는 관점

    일본에서 소비자 정책이라 함은 「소비자의 이익 옹호와 증진에 관한 종합적인 시책」이라고 일컬어지고 있다. 그리고 소비자 정책은 공공정책의 하나이다. 그러나 무엇이 '공공의 문제'인가는 그때 그때의 정부의 권력구조와 사회경제적 조건에 의해 달라진다. 다시 말하면, 소비자 문제가 공공의 문제로서 사회적으로 해결하지 않으면 안 되는 것으로 등장했을 때 비로소 소비자 정책이 나타나게 되는 것이다.

    공공정책은 목적, 대상, 수단을 기본적 구성요소로 한다. 소비자 정책의 목적은 「소비자의 이익 옹호와 증진」이라고 말할 수 있다. 또한 소비자 정책의 대상은 소비자이고, 소비자의 정의는 「사업을 목적으로 하여 계약을 하는 이외의 개인」_{소비자계약법 제2조}이라고 되어 있다. 그러나 문제는 이러한 정의가 아니라 소비자상을 어떻게 이해할 것인가 하는 것이다. 소비자를 약자로 받아들일 것인가, 강자로 받아들일 것인가에 따라 정책수단이 스스로 변화하게 된다. 그런 의미에서 소비자 정책에서의 소비자상은 정책의 내용을 좌우하는 중대한 전제이다.

정책수단에 관한 개념으로서 법과 행정이 있다. 정책을 달성하기 위하여 구축된 사회적 룰이 법이고 실제로는 법률 이외에도 행정, 자치령, 조례, 통달 등 여러 가지의 지침도 법에 포함된다. 국회 등의 의결을 거치지 않고서도 정책을 실시하는 한편 일정한 강제적 영향을 가지게 되는 것은 모두 여기에 해당된다. 또한 행정은 정책입안, 정책실시에 관한 집행기관으로서 위치를 차지하고 있다. 자치령, 통달 등은 행정이 추상적인 법률을 운용해가는 가운데 필요한 작업지침을 내린 것이지만, 실질적으로는 이러한 것들이 정책의 실시 방법을 좌우할 만큼 큰 영향력을 가지고 있는 경우가 많다.

그리고 최종적으로는 각 구성요소가 연계되어 실시된 소비자 정책이 실제로 어떻게 추진되었는가를 검토할 필요가 있다. 정책의 목표가 입구라면 실효성은 출구라고 할 수 있다. 90년대에 들어서기 전에는 거의 사전평가만으로 끝냈지만, 2002년 4월부터 행정평가가 시행됨으로써 지금은 사후평가의 필요성이 더욱 강조되고 있다.

그런데 최근 정책혼합이라 불리며 정책 주체의 문제가 대두되었다. 소비자 정책은 행정정책만을 지칭하는 것이 아니다. 사업자에 의한 정책, 소비자 단체에 의한 정책도 소비자 정책이고, 그러한 것들이 종합적으로 정리되어 총체적인 소비자 정책이 구성되는 것이다. 다시 말하면 소비자 문제에 관한 NPO 등에 의한 정책의 입안, 실시도 소비자 정책에 포함된다. 이렇게 볼 때 정책 주체를 모든 행정만으로 국한하는 것이 아니라, 사업자와 소비자 단체 등도 포함하여 폭넓게 수렴하여 총체적으로 평가해가는 것이 필요하다.

이상을 정리해보면 어떠한 정책목표가 설정되어 있는가, 소비자상은 어떻게 설정되어 있는가, 그리고 어떠한 수단에 의해 정책이 실시되고 있는가, 최종적으로는 그것이 어떻게 추진되고 어떠한 사후평가가 가능한가를 점검해보는 것이 소비자 정책을 검토할 때 반드시 필요할 것이다.

그래서 이번 장에서는 일본의 소비자 정책을 '20세기형 소비자 정책'과 '21세기형 소비자 정책'이라고 하는 관점에서, 소비자보호기본법 성립 이후 매년 내놓고 있는 정부의 소비자 정책에 있어서의 최고 의결기관인 소비자보호회의현 소비자정책회의의 연차방침 및 그 조사심의 기관인 국민생활심의회 자료 등을 주된 재료로 하여 일본의 소비자 정책에 대하여 검토하고 앞으로의 과제를 기술해보기로 한다.

20세기형
소비자 정책의 구축

소비자 문제는 전후 주부연맹 결성의 계기가 된 1948년의 불량 성냥 사건에서부터 시작되어 그후로 줄어들기는커녕 계속하여 늘어나는 추세로, 1955년 모리나가 비소 분유 사건, 1957년 불량 주스 사건, 1969년 가짜 쇠고기 통조림 사건, 1962년 살리도마이드 사건이 잇달아 일어났다. 모두 결함상품에 의한 사건이어서 생산자에 대한 불신감은 더욱 높아졌다.

그때의 일본 경제는 전후의 혼란기를 지나 한국의 6·25 전쟁을 통해 착실한 진전을 보였고, 고도성장기에 들어서면서 높은 경제성장률과 함께 급격한 생활 변동이 일어나 경제대국으로 성장 중이었다. 이러한 급격한 경제적 발전은 한편으로 공해와 같은 여러 가지 사회문제를 야기시켰다. 그런 사회문제 중 하나로 소비자 문제가 인식되었던 것이다. 그 때문에 도쿄는 결함상품에 대한 대응의 필요성으로 인해

1961년 전국에서 처음으로 '소비경제과'를 설치하였다. 한편 일본의 소비자 연합을 목표로 같은 해 일본생산성본부를 모체로 한 일본소비자협회가 발족되었다.

정부도 팔짱을 끼고 바라보고만 있지는 않았다. 1963년 제1차 국민생활향상대책 심의회답신에서「소비자 보호에 관한 답신」을 내놓았다. 그 가운데「소비자는 국민경제에 있어서 최대의 집단이지만, 또한 지금까지 소비자만큼 보호를 받지 못한 집단도 없다」라고 명시되어 있고, 「지금부터 더욱더 소비자 행정을 충실, 강화해나가기를 기대한다」고 기술하고 있다. 여기서는 명확하게 소비자 정책을 공공정책으로서 자리매김시키고, 소비자 보호를 기본적인 이념으로 하려는 의도가 엿보인다. 또한 당시 문제로서「통일적 견지에서의 소비자 보호 행정이 충분하지 않다는 것」, 소비자 문제에 관련된 법률에서도「소비자 보호 의사가 명확하지 않다」고 하는 것이 지적되고 있다. 바꾸어 말하면 소비자 정책은 각 정부 부처별로 어느 정도 실행은 하고 있었지만, 기본적인 이념이 명확하지 않았기 때문에 법률이 체계화되어 있지 않은 문제점이 있었다. 이 답신을 계기로 1964년에는 임시행정조사회[제1차 임조]가 소비자 행정의 개혁에 관한 의견을 권고하였고, 경제기획청에 소비자국을 설치할 것과 심의회로서 소비자행정평의회의 부설 그리고 지방 소비자행정의 전담기구 정비를 지적하였으며, 1965년에 경제기획청에 국민생활국이 설치되는 등 서서히 국가 차원의 소비자 정책을 본격적으로 실시할 행정체계가 정비되었던 것이다.

1966년 제1차 국민생활심의회 답신에서는 「소비자의 이익과 안전을 보호하고, 소비자가 가진 권리를 명확히하는 한편, 소비자 자신도 그 권리의식에 눈을 떠서 스스로의 이익과 안전을 지키기에 충분한 지식과 판단력」을 가질 것이 요청되고 있다.

그리고 소비자 행정을 추진함에 있어서 가장 중요한 것은 단순한 소비자 보호의 강화, 소비자 교육의 추진이 아니라 '국민 생활 우선'이라고 하는 기본적인 이념이 일반 행정에 침투하는 것이었다. 전후 십수년 간의 시기에 생산성 확대가 어느 정도 우선시되었던 것은 그 나름대로의 필요성이 있었다. 그러나 경제규모가 서구 선진국의 대열에 도달한 단계에서는 그 때문에 생긴 소비자의 불이익과 위험의 증대, 기업 간의 불건전한 경쟁 제한 행위 등이 경제사회의 진보를 저해하는 요인의 하나가 되고 있었다. 생활이 경제발전에 희생되는 것이 아니라, 경제가 생활에 봉사해야 한다는 '국민 생활 우선'의 이념에 따라 이행되지 않으면 안 되었던 것이다. 1960년대는 공해운동, 학생운동 등 사회운동이 활발했던 시기여서 정부도 급속한 성장에 의한 사회의 혼란을 느끼는 가운데 '국민 생활 우선'이라는 지침에 어렵게 도달한 것이라 볼 수 있다.

이러한 흐름 가운데 소비자보호기본법이 1968년 여야 공동제안에 의해 성립되었다. 조문을 보면 제1조에서 「소비자의 이익 옹호 및 증진에 관한 대책의 종합적인 추진을 도모하고, 국민 소비생활의 안정 및 향상을 확보하는 것을 목적으로 한다.」라고 정책이념을 기술하고 있다. 이어서 국가와 지방공공단체, 사업자의 책무와 소비자의 역할이 열거되고 있다.

소비자보호기본법에서 본 20세기형 소비자 정책의 특징은, 첫째로 소비자 보호라는 명분을 기초로 하고 있다는 점이다. 여기에는 사회적 약자를 보호하는 역할을 국가에 요구한다고 하는 복지국가적인 관점이 채용되었다. 다시 말해 소비자를 사회적 약자로 자리매김하여 소비자 생활의 문화적, 경제적 향상을 도모하고 소비자의 보호를 실현하는 것이 소비자 보호이고, 그 책무를 국가가 부담한다는 것이다.

이것을 바꾸어 말하면 행정중심주의 혹은 '소비자 정책=소비자 행정'이라는 관점에서 소비자 정책의 이념이 구축된 것이다. 사업자는 규제의 대상이고, 소비자는 주역이 아니라 어디까지나 보호받는 자였다. 그렇기 때문에 소비자의 권리에 대한 조문은 없다. 미국의 케네디 대통령에 의해 제정된 소비자의 네 가지 권리가 일본에서는 국가에 의한 보호의 대상이 되었던 것이다. 두 번째 특징은 행정이 사업자에 대해 적극적인 지도와 감시를 행함으로써 상품과 용역에 일정한 내용·품질·가격 등을 확보해가는 시스템, 즉 사전규제형을 상정하고 있다는 점이다. 그 본래의 목적은 업계의 건전한 발전·육성을 도모하는 것이어서, 약자인 소비자의 보호는 그 본래의 목적을 통하여 간접적으로 행해진다반사적 이익고 생각되었다.

다만 심의회 등의 자료에 입각해서 보면「소비자 보호와 표리일체를 이루는 것」으로서 소비자 교육이 언급되고 있는데, 그에 대한 체계화를 위해 '생활경영학'의 확립이 필요하다 하여 그 책자를 만들기도 하고, 소비자의 조직화에 대해서도 지원해갈 필요가 있다고 언급하고 있음을 잊어서는 안 된다.

이처럼 1968년 이후에는 소비자 정책의 체계화가 시도되었지만, 구체적인 정책목표를 달성해가는 수단으로서는 지자체별로 구축된 법률, 시행령 등에 위임하고 있다.

다시 말해 전체를 아우르는 이념은 유지하면서, 그에 따른 각 정부 부처 간에서 보였던 법률 등의 차이를 소비자보호기본법의 기본이념에 따라 단지 수정을 가함으로써, 그 소비자 정책을 실시함에 따른 각 부처의 권익은 유지되었던 것이다.

그렇기 때문에 경제기획청 국민생활국에 설치된 소비자행정과도 그 역할은 종합 조정이었기에 소비자 정책을 실시하는 중심이라고는 말할 수 없다.

1969년에는 지방자치법이 개정되고, 소비자보호기본법에 따라 지방공공단체의 고유 사무로서 소비자 보호가 명시되도록 하였다. 법률적으로는 소비자 정책의 담당이 국가와 지방공공단체이고, 지방공공단체는 소비자 보호를 독자적으로 정비할 필요가 있게 되었다. 그리고 서서히 지방공공단체는 스스로 조례를 제정하고, 소비자생활센터를 설립하기에 이르렀다. 다만 지방이 스스로 소비자 보호를 추진해가는 것처럼 보이지만, 국가가 지원한다고 하는 측면은 그대로 유지되고 있었다.

그러나 소비자보호기본법이 성립된 다음 해인 1969년에 소비자 행정 예산이 소액인 것을 문제삼아, 「반드시 충분하게 중시되고 있다고는 말할 수 없는 것이 현상이다.」라고 기술되어 있듯이 소비자 정책의 기본적 이념은 지극히 취약한 슬로건에 불과했다. 그러나 정부의 소비자 정책은 이처럼 취약했다 하더라도 형식적으로는 체계화되어 있었고, 지방 소비자 단체의 활동은 다른 사회운동의 상승과 더불어 이 시기에 가장 화려하게 꽃을 피웠다. 1970년에는 유해 감미료 티크로설탕보다 50배 강한 합성감미료 함유식품 불매운동, 1971년에는 칼라TV 이중 가격 문제의 고발, 1972년에는 PCB 문제가 잇달아 제기되었다. 이 모든 사건에 해당 부처가 대응하여 움직였다. 그후에도 소비자와 관련한 법률의 정비로서는, 제1차 오일쇼크를 배경으로 제정된 국민생활안정긴급조치를 비롯해 할부판매법의 개정과 방문판매 등에 관한 법률의 제정 등 여러 가지 법률의 제정과 개정이 있었다.

1980년대에 들어서면 제2차 임시행정조사회가 열리고, 행정개혁이 커다란 과제가 되었다. 그 가운데서 소비자 정책은 여러 가지 압박을 받게 되어, 센터 불필요론과 센터 및 예산 축소 등의 문제가 대두되었다. 이렇게 볼 때 20세기형 소비자 정책소비자보호기본법은 충분한 예산을 얻지 못해 보호는 부처별 대응으로 끝나고, 소비생활센터 등의 정비가 진행된 나머지 소비자 조직화, 소비자 교육, 소비자 계발에 관해서도 커다란 진전이 이루어지지 못했다고 정리할 수 있다.

21세기형
소비자 정책의 모색

정책은 갑자기 전체가 바뀌는 것이 아니라 서서히 변화해가는 것이 통례다. 1980년대의 대처리즘, 레이거노믹스 등 구미에서의 신자유주의의 대두와 때를 같이하여 일본에서도 제2차 임시조사회로부터 계속되는 규제완화의 조류가 오늘날까지 지속되고 있다. 그리고 그 속에서 21세기형 소비자 정책을 위한 태동이 시작되었다.

1985년의 소비자보호회의 결정에서는 「정보를 선택하고 활용함과 동시에 주체적인 생활태도를 습관화한 '자립하는 소비자'를 육성하기 위한 소비자에 대한 지원도 새로운 전개를 요하는 시책」이라 명시하였다. 여기서 처음으로 '자립하는 소비자'라고 하는 소비자상이 전면에 나타나기 시작했다. 그리고 1993년부터 1996년까지는 '생활자, 소비자 중시 사회'라는 키워드가 계속 대두되었고, 1997년에는 「우리나라 경제사회의 활력을 유지, 향상하는 관점에서 시장 메커니즘을 활용한 규제완화 등을 적극적으로 추진하는 한편, 이러한 문제에 대응하기 위해서는 소비자와 사업자가 자기책임에 입각하여 행동할 수 있는 환경 정비가 필수적이다. 즉 소비자 정책의 중심을 소비자 보호에서 소비자의 자립에 대한 지원으로 이동시키고 있는데, 여기서 처음으로 명확하게 사업자와 소비자의 자기책임이 제창되었고, 소비자 정책의 중심이 변화되었음을 보여주었다. 그후에는 거의 매년 자기책임이라는 핵심 용어가 등장하게 되었다. 즉 종래의 사회적 약자로서의 소비자가 아니라, 자립한 주체로서의 소비자상으로 크게 전환된 것이다. 여기서 주의해야 할 것은 1990년대의 '생활자, 소비자 중시'와 1960년대의 '국민 생활 우선'은 시장 메커니즘을 이용하는 것이 소비자의 이익이라는 측면에 대해 정반대의 의미를 가지고 있다는 점이다. 그렇기 때문에 오늘날 생활자, 소비자 중시의 사회가 구축되면 될수록 더욱더 소비자는 자기책임을 지는 주체가 될 필요가 있다고 여겨지는 것이다.

그렇다면 소비자 정책이 전환되어야 할 필요성은 어디에 있었던 것일까?

「21세기형 소비자 정책의 이상적인 방향에 대해서」라는 정부의 보고서2003년에서는 새로운 소비자 정책의 필요성의 근거로서 규제완화 등에서 보이는 정책수법의 변화를 중심으로 하는 경제사회의 변화, 국경을 초월한 소비자 거래의 확대 등에 의한 IT화 · 국제화의 진전, 가족 · 라이프스타일의 다양화를 들고 있는데, 결국 소비자 문제가 다양화 · 복잡화되어 종래의 소비자 정책으로는 대응할 수가 없다는 것이다. 그런 의미에서 21세기의 경제사회에 부합되는 소비자 정책이 재구축되어야만 한다는 것이었다. 심의회 등의 회의록에서 흥미로운 말들을 발견할 수 있는데, 그에 따르면 지금까지는 뒤따라가는 행정이었으며 산업 촉진이 주였고, 소비자 행정은 한 손으로 하는 반쪽 행정이었다고 한다.

시대가 변함에 따라 소비자 정책에 대한 관점도 변한다.는 생각이 든다. 또한 20세기형 소비자 정책 그 자체에 문제가 있었다기보다는 행정수단과 촉진 방법에 문제가 있었던 것이다. 그 이상의 근거는 여기에서 찾아볼 수 없다. 복지국가의 이념을 전제로 하여 구축된 20세기형 소비자 정책소비자보호기본법도, 오늘날의 포스트 복지국가신자유주의의 이념을 전제로 하여 구축된 21세기형 소비자 정책소비자기본법도 모두 특정 사고방식에 따라 구축된 것에 지나지 않기 때문에 어느 쪽이 상대적으로 바른 것인지 엄밀히 잘라 말할 수 없기 때문이다.

바꿔 말하면 오늘날에는 신자유주의를 표방하는 주장이 정책 구축에 있어서 주류가 되기 때문에 21세기형 소비자 정책의 필요성이 정당화되었다고 말할 수 있겠다.

21세기형 소비자 정책의 실상

2002년부터 국민생활심의회의 등에서 논의된 후 2004년 6월에 소비자보호기본법이 개정되어 소비자기본법이 되었다. 소비자보호기본법과의 조문상 차이는 표 5-1에서 보는 바와 같다.

<표 5-1> 소비자 정책의 항목

소비자보호기본법의 행정항목	소비자기본법의 행정항목
· 위해의 방지(제7조)	· 안전의 확보(제11조)
· 계량의 적정화(제8조)	· 소비자 계약의 적정화(제12조)
· 규격의 적정화(제9조)	· 계량의 적정화(제13조)
· 표시의 적정화(제10조)	· 규격의 적정화(제14조)
· 공정하고 자유로운 경쟁 확보 (제11조)	· 광고 기타 표시의 적정화(제15조)
· 계발활동 및 교육 추진(제12조)	· 공정하고 자유로운 경쟁 촉진(제16조)
· 의견의 반영(제13조)	· 계발활동 및 교육 추진(제17조)
· 시험검사 등의 시설정비(제14조)	· 의견의 반영 및 투명성 확보(제18조)
· 고충처리체제의 정비(제15조)	· 고충처리 및 분쟁 해결의 촉진(제19조)
	· 고도정보통신사회의 발전에 대한 정확한 대응(제20조)
	· 국제적인 연계의 확보(제21조)
	· 환경의 보전에 대한 배려(제22조)
	· 시험검사 등의 시설 정비(제23조)

구체적으로 살펴보면, 제1조의 앞머리에 「소비자와 사업자 사이의 정보의 질과 양 그리고 교섭력 등의 격차를 감안해서」라며 명확히 '격차'에 대해 명시하고 있다. 기타 주요한 변경 사항은 사업자 단체제6조와 소비자 단체제8조의 역할을 조문화하고 있다는 것, 소비자 기본계획제9조을 책정하고 있고, 위해의 방지구법 제7조 조항이 안전의 확보제11조로 조문의 제명을 변경하였으며, 새로운 소비자 계약의 적정화제12조 등을 부가하고 있다는 점, 지방공공단체의 고충 처리에 대해서 현縣과 시市·정町·촌村의 역할을 보다 명확하게 하고 있다는 점제19조, 국민생활센터의 역할제25조을 조문화하고, 소비자보호회의 대신에 소비자정책회의를 설치하여 국민생활심의회의 의견을 듣도록 하였다는 점제27조을 들 수 있다.

소비자보호기본법에서 소비자기본법으로 바뀜에 따라 소비자 정책의 체계가 어떻게 바뀌었을까? 먼저 첫 번째로 소비자상을 '보호받는 주체'로부터 '자립한 주체'로 생각하게 되었다. '보호받는 주체'의 경우에는 국가와 지방공공단체가 보호해주는 것에 맡겨버리면 그만이지만 '자립한 주체'의 경우에는 스스로 '권리'를 행사하고 피해로부터 회복을 요구할 필요가 있다는 것이다. 실제로 제조물의 결함에 의해 소비자가 입은 피해의 구제를 도모하는 것을 목적으로 한 제조물책임법PL법; 1995년 시행과 소비자와 사업자의 정보량의 격차를 감안하여 소비자가 오인 또는 곤혹에 의해 체결한 계약에 대해서는 취소할 수 있도록 한 소비자계약법2001년 시행 등 근년에 제정된 법률은 행정의 관여에 대해서는 규정하고 있지 않으며, 당사자가 스스로 분쟁을 해결해가기 위한 민사법을 규정하고 있다.

이미 1995년 이후부터 지방공공단체의 조례 개정에서 '보호'가 '양성'이라는 핵심단어로 바뀌고 있다. 즉 21세기형 소비자 정책은 소비자기본법 제정 전부터 시작되고 있었던 것이다.

두 번째로, 앞으로는 가능한 한 사전규제의 완화를 도모하고 사후체크를 강화한다는 방침이 세워졌다. 이것은 규제완화, 신자유주의의 사고방식에 따라 구축된 관점이다. 다만 그렇게 간단하게 사후규제 중시형으로 전환되기는 어렵다는 것이 현실이다. 2000년 이후에 일어난 미쓰비시자동차그룹에 의한 리콜 은폐 사건, 유키지루시유업 사건 등이 결함상품이라고 하는 지극히 고전적인 소비자 문제가 오늘과 같이 진보된 사회에서도 충분히 일어날 수 있다는 것을 증명하고 있기 때문이다.

그렇기 때문에 기본적으로는 사후규제를 중시하지만, 안전 등에 관해서는 사전규제도 강화해간다고 하는 방침을 나타내고 있다.

세 번째로, 소비자보호기본법보다는 조문에 구체성이 증가되어 있다. 사업자의 책무에 관한 조문이 구체적으로 명기되어 있을 뿐만 아니라 사업자 단체와 소비자 단체에 관한 조문도 새로이 부가되어 있다. 다만 소비자의 조직화에 대해서는 특별히 더 충실하다고는 할 수 없다. 소비자보호기본법에도 소비자의 조직화에 대한 조문이 존재했고, 실제로 지금까지도 소비자 단체의 육성을 위해 지방공공단체의 소비자 행정이 큰 역할을 해왔기 때문이다. 그리고 21세기형 소비자 정책의 가장 중요한 특징은 20세기형 소비자 정책과 같이 '소비자 정책=소비자 행정'이 아니라 '자립한 주체'로서의 소비자 및 소비자 단체의 권리 행사, 사업자와 사업자 단체의 준법 경영과 자주행동기준의 책정과 준수, 그리고 소비자를 지원하고 사업자를 사후적으로 감시하는 행정으로 변모할 가능성을 내비치고 있다는 것이다. 이것은 소위 각각의 정책 주체가 독자의 노력으로 소비자 정책 총체를 지탱해갈 수 있는 정책혼합Policy Mix으로의 전환을 꾀하고 있는 것이라 말할 수 있다.

이러한 전환에 대해서는 우려를 품고 있는 사람들이 많아 아직은 예단할 수 없는 것이 현실이다.

21세기형
소비자 정책의 전망

먼저 지금까지 살펴본 것들을 정리해보자. 20세기형 소비자 보호 정과 21세기형 소비자 보호 정책은 모두 「소비자의 이익을 옹호하고 증진시킨다」는 것을 주된 목적으로 삼고 있다. 그러나 정책 대상인 소비자상에서는 차이가 발견되는데 20세기형은 '사회적 약자'로서의 소비자, 21세기형은 '자립한 주체'로서의 소비자로 보고 있다. 그렇기 때문에 정책수단도 달라 20세기형에서는 행정에 의한 사전규제가 주가 되고, 21세기형에서는 민사법에 의한 사후규제가 주가 된다. 20세기형 소비자 정책의 문제점을 산업 진흥의 틈새로 행해진 행정이라든가, 뒤따라가는 행정이었다고들 말하지만, 그렇다고 해서 21세기형 소비자 정책 쪽이 훨씬 뛰어난 것이랄 수는 없고 어디까지나 사고방식의 차이에 따른 정책 전환이라고 봐야 할 것이다. 그런 의미에서 소비자 정책도 시대의 영향을 강하게 받고 있다고 말할 수 있다. 21세기형 소비자 정책이 어떻게 진행되어갈 것인가는 아직 분명하지 않은 부분이 많지만, 표 5-2와 같은 전환이 일어날 것이라는 예상이 일반적이다.

〈표 5-2〉 소비자 행정의 유형

구분 항목	20세기형 소비자 행정 (과거)	21세기형 소비자 행정 (지금부터)
기본적 입지	보호적 입지	지원적 입지
행정대상으로서의 소비자	보호의 객체	권리의 주체
문제, 피해에 대한 대응 프로세스	행정 주도	소비자 주도
소비자의 소비자 행정에 대한 관여	한정적/형식적	촉진적/실질적
문제, 피해에 대한 대응	개별적 대응	횡단적 대응
조직적 대응	종적 행정	연계적 행정
행정운영의 자세	폐쇄적	개방적

앞으로 가장 중요한 과제는 21세기형 소비자 정책이 어떻게 진행되어가는지 성실히 사후평가하는 것이다. 소비자보호기본법이 성립된 시대에도 결코 보호받는 주체로서 소비자를 생각했던 것은 아니다. 오히려 별로 육성하고 있지 않던 소비자의 조직화를 권유하여 스스로 소비자 정책에 개입해가는 모습을 상정하고 있던 측면도 있었다. 그를 위한 수법으로서 소비자 보호와 병행하여 소비자 교육을 소비자 정책의 두 바퀴로 책정하였던 것이다. 그런데 이러한 과정은 어느새 까마득히 잊어버리고, '소비자 보호=20세기형 소비자 정책'이라고 이해해버리게 되었던 것이다. 그리고 21세기형 소비자 정책에 대해서 검토할 때에는 소비자 교육, 소비자 계발에 의한 소비자의 자립 지원이 마치

새로운 과제인 양 취급되었다. 정책혼합을 이용한 21세기형 소비자 정책은 지금까지 이상으로 소비자에게 부하가 걸리는 정책수단을 취하려고 하는 것은 확실하다. 그만큼 소비자 교육, 소비자 계발에 의한 소비자의 자립 지원이 무엇보다도 중요하다고 말할 수 있겠다.

역사적 경험으로 볼 때 소비자 교육을 충실히 한다는 것은 결코 소비자 교육 교재 개발로 그치는 것이 아니다. 평가할 수 있는 수준에 달하기에는, 소비자 교육이 그에 상응하는 위치를 부여받고 있다는 것이다. 예를 들면 학교 교육제도에서 소비자 교육이 하나의 교과가 되도록 틀을 짜는 것이 그에 해당된다. 과연 그것만으로 충실한 소비자 교육이라 할 수 있을지는 앞으로도 계속 주목해봐야 할 것이다.

또한 20세기형 소비자 정책에서는 결국 산업 육성, 즉 생산 중시의 틈새로 소비자 정책이 다루어졌기 때문에 각 부처가 개별적으로 대응하는 형태는 거의 바뀌어지지 않고 있다. 이것도 이념의 정비 부족이 아니라 정책을 실시해가는 가운데의 문제점이었다. 이러한 점을 극복할 수 있을 것인가 아닌가 하는 것도 중요한 포인트이다. 즉 생활을 충실하게 하는 틈새로 산업 육성도 가능할 것인가, 부처 간에 상호 연계하여 소비자 정책을 촉진해갈 수 있을 것인가 하는 점이다. 적어도 이러한 점들을 달성하느냐 못하느냐가 사후평가의 포인트가 될 것이며, 그것에 의해서만이 21세기형 소비자 정책은 20세기형 소비자 정책을 뛰어넘었다고 말할 수 있을 것이다.

part 06

소비사회와 소비자법

이 장에서는 안정성, 품질의 확보, 적정한 가격, 표시, 광고 · 선전, 계량, 약관, 소비자 거래의 적정화에 관한 소비자법, 고도 정보통신과 환경에 대한 법과 소비생활조례 등 현대사회의 소비자 관련 법률을 배운다.

소비자법과 소비생활조례

1. 소비자법

소비자 문제에 관한 각종 법률을 '소비자법'이라고 총칭한다. 소비자법은 법률 제정의 목적에 따라 아래와 같이 분류된다.

❶소비자 문제에 관한 기본적 범위를 규정한 소비자 기본법
❷사업행위의 적정화 등을 규제 법규로서 규정한 소비자 행정법
❸소비자 분쟁을 적절하고도 신속하게 해결하기 위한 민사 법으로서의 소비자 사법

❶과 ❸의 사법관계의 일반 원칙과 ❷에 관한 소비자 문제를 분야별로 정리하여 그에 대응한 주된 소비자법을 표 6-1에 나타내었다.

〈표 6-1〉 주된 소비자 문제 관련법(약칭포함)

사법(私法)관계의 일반원칙	· 민법　　　　　　　　　　· 상법 · 소비자기본법　　　　　　· 소비자계약법 · 제조물 책임법　　　　　　· 금융상품판매법 · 전자소비자계약 및 전자승락통지의 민법특례법
거래조건의 규제	· 특정 상거래에 관한 법률　　· 할부판매법 · 보험업법 · 무제한연쇄계(契)의 방지에 관한 법률 · 특정상품 등의 예탁 등 거래계약에 관한 법률 · 대부업의 규제 등에 관한 법률 · 해외상품시장에 있어서의 선물거래의 　수탁 등에 관한 법률
계량 · 규격 · 표시의 적정화	· 가정용품품질표시법　　　· 계량법 · 공업표준화법 · 부당경품류 및 부당표시 방지법 · 농림물자의 규격화 및 품질표시의 적정화법
위해의 방지 · 안전성의 확보	· 식품위생법　　　　　　　　· 약사법 · 소비생활용제품안전법　　　· 전기용품 취체법 · 세탁업법　　　　　　　　　· 이용사법, 미용사법 · 화학물질의 심사 및 제조 등의 규제에 관한 법률 · 유해물질을 함유하는 가정용품의 규제에 관한 법률
공정하고도 자유로운 경쟁의 확보	· 부당경품류 및 부당표시 방지법 · 사적독점의 금지 및 공정거래의 확보에 관한 법률 · 부정경쟁방지법
가격 · 수급	· 국민생활안전긴급조치법 · 생활관련물자 등의 매점매석긴급조치법
소비자 신용	· 할부판매법　　　　　　　· 이자제한법 · 대부업의 규제 등에 관한 법률 · 출자의 수용, 예금 및 금리 등의 단속에 관한 법률

2. 소비생활조례

　　　　　헌법은 제92조에 '지방자치의 본취지'의 일환으로 동법 제94조에 조례의 제정을 보장하고 있다. 법률과 조례의 관계는 법률에 의거 운용과 구체적 내용을 규정하고 있는 경우가 많지만 법률의 적용범위를 넘어선 소위 '예외 조항'으로서 지역의 특징을 반영한 규정을 설정하고 있는 경우도 있다. 또한 조례에 벌칙, 형벌 규정을 일정 한도에 있어서 인정하고 있지만 벌칙 규정을 설정하는 경우는 범죄로 취급하는 것이 되기 때문에 어떠한 행위와 범위를 처벌의 대상으로 할 것인가에 대한 명확성이 요구된다. 소비생활에 관해서는 지방자치단체를 중심으로 소비생활조례가 설정되어 있다. 소비생활의 안정과 향상을 목적으로 소비자기본법에 따른 구체적 시책과 지역의 특성, 주민의 요청 등에 의한 예외 조항의 규정도 보인다.

소비생활조례는 소비생활에 있어서의 안정성 확보, 상품과 서비스 표시의 적정화, 부적절한 거래행위를 금지하는 규정 등 사업자의 사업활동에 대한 규제와 소비자 구제·계발·교육 등 소비자 지원을 위한 시책을 강구할 필요성과 그에 대한 구체적 대책 등을 규정하고 있다.

특히 소비자로부터의 고충 상담 정보를 센서 기능으로써 활용하여 소비자 피해의 미연 방지, 확대 방지를 위한 소비자 계발과 부적정한 거래행위를 한 사업자에게 업무개선지도를 행하는 행정조치에 연결시키는 등 소비자 행정을 전개해가는 구조를 규정하고 있다.

이와 같이 소비자조례는 소비생활과 연관되는 포괄적 내용을 규정하여 소비자의 이익을 확보하기 위한 행정지도형 조례이다. 그러나 조례에 위반되는 활동을 행하는 사업자에 대해서는 업무개선의 권고와 사업자명을 공표하는 규정을 설정하여 실효성을 확보하고 있다.

현대 소비사회와
소비자법

사회경제 상황의 변화에 따라 소비자 문제도 급속도로 변하고 새로운 소비자 문제가 계속하여 발생한다. 여기서는 현대 소비사회의 소비자 문제를 분류하고, 소비자 피해의 미연 방지와 피해 구제를 위해 설정되어 있는 주된 소비자법을 살펴보기로 한다.

1. 식품 · 생활용품 등의 안전성 · 품질 확보 문제와 법

과학기술의 발달과 경제의 글로벌화에 의해 다양한 상품과 서비스가 판매되고 있다. 이러한 상품의 품질과 서비스의 내용은 안전성이 확보된 것이어야 한다. 또한 사업자는 품질 및 성능, 서비스의 내용을 정확하고 알기 쉽게 표시하고 소비자가 적절하게 이용할 수 있도록 제공할 필요가 있다. 그러나 식품첨가물의 안전성 문제와 의약품 위해성 문제 외에 최근에는 환경호르몬 배출 논쟁과 유전자변환식품, BSE 등의 문제도 부각되고 있다. 또한 화장품에 의한 부작용 등 서비스를 둘러싼 소비자 피해가 발생하고 있다. 이를 위한 행정조치로 식품위생법, 약사법, 전기용품안전법, 소비생활용제품안전법 등이 안전성 확보를 위해 제품 개발 기술과 서비스 내용의 규제를 행하고 있다. 또한 소비자가 안심하고 상품 등을 구입하도록 하기 위하여 일정한 품질을 확보한 규격 기준에 적합한 상품에 마크 제도를 도입하고 있다. 예를 들면 소비생활용제품안전법에 입각한 'PSC 마크'와 전기용품안전법에 의한 'PSE 마크' 등은 법률에 의해 의무로 규정된 마크이다. 소비생활용제품안전법에 의거, 제품안전협회가 안정성 인정 기준에 합격한 상품에 붙이는 'SG 마크', (사)일본완구협회의 'ST 마크'와 (사)일본연화협회가 장난감 불꽃놀이 화약에 붙이는 'SF 마크' 등 안전 마크 부착 상품의 결함이 원인으로 사고가 났을 경우의 손해배상제도도 도입하고 있다.

더욱이 제조물책임법PL법이 1996년 시행되어, 제품 사고의 피해자에 의한 입증 책임의 경감이 도모되어 신속한 해결에 도움이 되고 있다. 한편 정책은 제도 완화를 촉진하고 있지만 안전성에 관한 규제는 완화해서는 안 된다. 새로운 제품이 계속 개발되고 있는 만큼 행정과 소비자 단체 등에 의한 시장의 감시 기능 강화와 예견적 대응이 필요하다.

2. 적정 가격의 문제와 법

일반적으로 사업자는 상품과 서비스를 제품화하여 원재료, 가공·유통 비용, 이익 등을 계산하여 가격을 설정, 판매한다. 소비자는 여러 가지 상품과 서비스 가운데서 품질, 가격 등을 고려하여 구입한다. 이처럼 소비자 거래에서 소비자는 사업자에 비해 수동적인 경우가 많아 사업자에 의한 정확한 정보 제공과 거래 조건의 제시가 선행된 후 계약을 체결할 필요가 있다. 특히 가격은 중요한 거래 조건이다. 파는 사람으로부터 표시된 가격에 사는 사람이 납득한 경우, 그리고 감액 등의 교섭에 의해 쌍방이 납득한 가격이라면 일반적으로 공평한 가격이라고 할 수 있다. 그러나 가격 결정을 인위적으로 조작, 부당한 가격으로 판매하여 소비자에게 불이익을 주는 사업자에 의한 소비자 피해도 나타나고 있다.

예를 들면 토지를 표준거래가격의 수천 배 가격으로 판매하는 하라노 상법, 점포에서의 이중 가격이나 미끼 가격 등은 소비자를 기만하는 것으로 장기적 공급과 가격안정에 기여하는 바가 없다. 사업자와 소비자가 대등한 입장에서 교섭하여 가격을 결정하는 것은 정보력과 교섭력의 격차로 인해 곤란하므로 사업자에게 적절한 가격 설정의 책무가 부가되는 것이다.

3. 표시의 적정화 문제와 법

표시는 사업자가 제공하는 상품과 서비스의 품질, 내용과 거래 조건 등을 소비자에게 정보 제공하는 행위다. 상품 자체 또는 포장 등에 그 성분, 성능, 사용방법, 제조·판매 사업자명을 기재하는 것이 주된 표시 방법이다.

사업자는 표시에 의해 소비자의 신청을 유인하고, 소비자는 표시를 보고 계약을 신청하며, 사업자가 그것을 승낙함으로써 계약이 성립하는 계약 이론의 관점에서 볼 때 사업자는 정확하고 알기 쉬운 표시를 할 필요가 있다. 그러나 허위 표시 등의 부적절한 표시가 발견되기도 한다. 이 때문에 행정은 부적절한 표시를 배제하고 소비자가 정확하고 알기 쉬운 표시에 의해 상품을 적절하게 선택할 수 있도록 ❶안전에 관한 표시 규제, ❷품질·가격에 관한 표시 규제, ❸거래 조건에 관한 표시 규제, ❹공정 경쟁을 유지하기 위한 표시 규제 등을 법률로 정하고 있다. 예를 들어 식품위생법에 의한 품질유지기간 등의 표시 규제가 있다. 특히 부적절한 표시 때문에 신체에 대한 위해, 위험이 수반되는 경우도 있어 표시해야만 하는 사항과 표시의 방법 등을 의무화하여 위법 상품의 회수를 명하는 행정처분과 벌칙 규정을 설정하고 있는 법률도 있다. 유기농산물의 인증제도와 원산지 표시 등을 모든 식품에 의무화한 농림물자의 규격과 품질표시의 적정화에 관한 법률은 근래에 위반 사업자에 대한 벌칙을 강화하기도 하였다. 또한 가정용품품질표시법은 섬유제품과 합성수지 가공품 등의 품질을 소비자에게 알기 쉽게 표시하도록 규정하고 있다.

특히 가정 세탁 등 취급 방법을 그림 표시로JIS L 0217 하도록 규정하여 보급시키고 있다. 또한 일정한 기준에 적합한 상품에 부여하는 마크로서 건강증진법을 근거로 한 '특수보건용식품마크'와 공업표준화법에 근거한 'JIS 마크' 등이 있다. 특정상품거래법은 통신판매에서 표시해야만 하는 거래 조건을 규제하고 있다. 지방공공단체도 소비생활 조례로 보증 표시와 단위가격 표시 등을 지역의 특성으로서 선정하고 있다. 그러나 식육의 위장 표시 등이 잇달아 폭로되면서 부적정한 표시를 한 사업자의 사업활동 전체에 불신을 초래하고 있다. 따라서 사업자에게는 법령 준수는 물론 사회적 규범까지 지키는 준법 경영이 요구되고 있다.

4. 광고 · 선전의 적정화 문제와 법

사업자에 의한 소비자의 구매의사 창출, 시장 지배력의 증대 및 과점화를 위한 판촉활동의 일환으로서 광고와 선전이 있다. 광고 · 선전은 신문 · 잡지, 간지광고, DM광고Direct Mail, 간판광고, TV 상업광고, 인터넷 배너광고, 전자상거래 광고 등 모든 매체와 수법을 이용하여 행해지고 있으며 이는 기업의 판매 촉진과 기업 이미지 전달에 가장 유효한 수단이 된다. 이 때문에 단점 정보도 포함한 적절한 광고·선전이어야 한다. 사업자의 품위와 생활 제안 등의 기업자세도 광고에 의해 물을 수 있고 광고·선전 활동은 사회와 문화에도 커다란 영향을 준다. 그러나 사업자는 주로 영리를 목적으로 일방적으로 광고를 하기 때문에 법률 등에 의한 규제가 필요하다. 부당경품류 및 부당표시 방지법은 「일반 소비자에게 오인됨으로써 부당하게 고객을 유인하여 공정 경쟁을 저해할 우려가 있다고 인정되는 표시」 등 광고 표현의 룰을 규정하고 있다. 동법 제4조에서는 ❶우량의 오인, ❷타사와의 비교로써의 우량의 오인, ❸유리 오인, ❹타사와 비교로써의 유리 오인을 부당 표시로서 금지하고 있다. 또한 일반 소비자에게 오인된다고 하여 공정거래위원회는 ❶무無과즙 청량음료 등에 대해서의 표시, ❷상품의 원산지에 관한 부당한 표시, ❸소비자 신용의 융자에 관한 부당한 표시, ❹부동산의 미끼광고에 관한 표시, ❺미끼광고에 관한 표시, ❻유료 노인 홈Home 등에 관한 부당한 표시를 지정하여 부당한 광고표시를 고시하고 있다. 더욱이 동법 제10조의 규정은 공정 경쟁 규약으로서 공정거래위원회의 인정을 받은 경품 또는 표시에 관한 사항을 자주적으로 설정하는 업계의 룰을 제도화하고 있다.

또한 약사법에 의한 의약품들은 생명과 건강에 관계되는 문제를 야기하기 때문에 허위, 과대, 공서양속公序良俗에 관하여 엄하게 규제하고 있다.

옥외광고물법과 택지건물거래법에서도 과대광고를 규제하고 있고,

특정상품거래법에서도 광고를 규제한다. 이 같은 법률에 의한 규제 외에 광고주인 사업자와 각종 매체 등이 광고의 사회적 영향과 업계 전체의 건전화를 목표로 윤리와 도덕적 관점에서 자주규제를 행하고 있다. 그 예로 일본광고심사기구JARO가 '광고의 심판자' 로 불리며 광고주, 매체, 광고회사의 의견, 소비자로부터의 의견 및 고충을 받아 처리함과 동시에 업계 단체의 자주규제의 중심적 역할을 하고 있다.

그러나 전단지 광고에는 자주규제가 없고 사업자에 의한 허위 표시와 과대광고 등의 부적절한 표현이 많이 발견된다. 부당 광고는 IT의 이용으로 광범위하고 신속하게 퍼져나간다. 사업자는 광고를 유효한 판매 전략으로 활용할 뿐 아니라 어린이들이 성장 과정에서 정신상, 교육상 받는 영향 등 광고가 사회에 미치는 파장도 고려하지 않으면 안 된다.

5. 계량의 적정화 문제와 법

2차대전 후 생활물자가 부족했던 시대에는 허위 표시나 용량의 차이 등 조잡한 계량기 등에 의한 여러 가지 문제가 발생하였다. 정확한 계량을 확보하는 것은 일상의 소비생활을 영위하는 데 없어서는 안 될 기본적 전제조건이다. 전후에는 악질적인 사업자에 의한 계량 눈금 부족 등의 소비자 문제가 발생하였지만, 그후 계량에 의한 불이익을 당하는 일이 없도록 계량법이 제정되어 지방공공단체에 의한 계량 제도의 보급·개발, 계량 검사, 계량기의 정도 확인 등이 행해지고 있다. 또한 계기의 기술개발도 진행되어 현대에는 계량에 관한 문제는 거의 발생하고 있지 않다.

한편 계량법은 다음의 세 가지 관점, ❶계량단위의 국제적 적합성을 꾀하기 위해, ❷계량기의 검정에 형식승인제도를 도입하여 정밀한 계량을 하기 위해, ❸소비자 이익을 확보하기 위해 1992년 5월에 전면 개정되었고, 동년 11월 1일부터 시행되었다.

6. 약관의 적정화 문제와 법

약관은 같은 종류의 계약을 대량, 반복적으로 체결할 때 신속하게 처리하기 위하여 계약 조건을 미리 정형적으로 정한 것으로 아래와 같은 기능이 있다.

❶간단하고 용이하게 그리고 신속하게 거래를 행할 수 있어 경비절감을 도모할 수 있다.

❷계약 당사자의 권리, 의무가 구체적으로 명시되어 원활한 거래가 행해질 수 있다.

❸용역거래의 내용은 약관을 보고 선택하여 계약을 체결하게 된다.

❹이행 내용과 해약 조건을 사전에 약관에 표시함으로써 분쟁 방지의 효과가 있다.

❺동일 내용의 계약을 대량으로 행할 경우에 약관을 사용하면 해당 계약자가 동일 조건으로 적용되는 것이 되어 평등성을 확보할 수 있다.

그러나 소비자 거래에 있어서의 약관은 정보력과 지식 등에서 우위에 있는 사업자가 일방적으로 작성하여 제시하는 것이 통상적이어서 소비자의 의향이 약관에 반영되어 있는가를 신중하게 확인할 필요가 있다. 거래 장면에서 소비자가 약관을 상세히 확인하거나 약관 변경을 교섭할 여지는 적다. 악질적인 사업자는 자기에게 유리하도록 소비자의 이익을 부당하게 배제하는 약관을 이용하는 경우도 있다. 약관을 포괄적으로 규정한 법률은 없지만 개별법에서 약관의 작성, 내용, 표시 등을 규제하여 거래의 적정화를 도모하고 있다.

다음은 그 실례이다.

❶가격 등의 거래 조건과 권리와 의무를 법률로 규제 ⇒ 철도영업법 등

❷계약 내용의 일부에 제한을 가함 ⇒ 할부판매법의 청약철회권 Cooling Off 등(표 6-2)

❸표준 약관 또는 약관 사항을 법령으로 규정 ⇒ 일반 승용여객자동차운송사업 표준운송약관, 대부업의 규제에 관한 법률 등

❹행정상의 인허가 또는 행정청에 약관 제출 ⇒ 보험업법, 창고업법

❺약관을 서면으로 교부할 것을 의무화함 ⇒ 여행업법, 택지건물거래업법

❻약관의 계약 조건의 제시를 의무화함 ⇒ 여행업법, 도로운송법

또한 소비자에 대하여 부당한 조항에 의한 소비자 피해가 많이 발생하고 있기 때문에 민법의 특별법으로서 소비자계약법이 제정되어 소비자 거래에 있어서의 부당 약관을 무효화하는 규정을 명시하여 신속한 분쟁 해결을 강구하고 있다. 또한 업계 단체에서 자주적으로 약관을 작성하여 업계의 건전화를 추구하고 있다. 단체도 많지만 부당 약관을 이용하고 있는 사업자의 다수가 아웃사이더이다. 또한 일반 소비자가 약관의 부당성을 지적하는 것은 곤란하지만 피해는 대량으로, 광역적으로 발생하기 때문에 소비자 단체가 약관의 부당성 등에 대해 재판소에 계약정지를 청구할 수 있는 소비자단체소송제도가 설정되었다.

〈표 6-2〉 주요한 악덕 상법들

명칭	대상	주요상품 · 서비스	권유방법과 문제점
appointment sale	젊은이	액세서리, 그림, 할인회원, 비디오교재,	당선되었습니다, 해외여행을 저렴하게 갈 수 있어 만나고 싶다 등과 같이 판매목적을 숨기고 영업소와 커피숍에 불러내어 계약하게 한다.
catch sale	젊은이	화장품, 에스테틱, 그림, 액세서리	역전이나 번화가의 노상에서 불러 세우고, 영업소나 다방 등으로 데리고 가서 거절할 수 없는 분위기에서 권유하여 계약을 하게 한다.
date 상법	젊은이	액세서리, 양복, 그림	데이트를 가장하여, 이성간의 감정을 이용해 권유하고 계약을 하게 한다.
다단계 상법	젊은이, 회사원	건강식품, 화장품, 전화기, 팩스, 정수기	이익을 올릴 수 있다고 권유하여 비용부담을 조건으로 판매조직의 회원이 되게 한다. 재판매와 가입자 소개로 이익을 얻을 수 있다고 하지만, 초보자에게는 곤란하다.

네즈미계(契)	젊은이, 회사원	금전 · 유가증권 등의 배당	쥐의 증식과 같이 가입자가 늘어나리라 믿고 불입하고, 후에 배당을 받는다고 하는 상술. 무제한연쇄계의 방지에 관한 법률로 금지되어 있다.
자격 상법	회사원	공적 자격, 민간 자격의 취득을 위한 강좌와 교재	간단히 자격을 취득할 수 있다고 권유하여 강좌나 교재를 계약하게 한다. 최근에는 계약자에 대하여 재권유하는 2차 피해가 많다.
내직(內職) 상법	주부, 회사원	컴퓨터 작업, 전단지 배포, 수신자명 쓰기 내직, 강좌의 교재	재택 부업으로 고수익이 난다든지 전단지 등으로 권유한다. 고액의 기기와 강습료가 필요하지만, 수입은 거의 얻지 못한다.
이식(利殖) 상법	회사원, 고령자	상품 상장, 증권, 분양 맨션 투자	가격이 오를 거라는 등으로 이식을 강조하여, 증거금으로 몇 십 배의 거래를 행하는 등으로 다액의 피해를 입는 경우가 많다. 초보자에게는 위험하다.
최면 상법	고령자	이불, 전기치료기, 자기 매트, 건강식품	제비뽑기에 당첨되었다 등으로 폐쇄적인 공간에 사람들을 모아놓고, 상품을 무료 또는 파격적인 가격으로 판매하여, 흥분상태 가운데서 고액의 상품을 사게 한다.
개운(開運) 상법	고령자	인감, 기도 · 점 액세서리, 수주(數珠)	가정이 불행해지기 때문에 기도해야 한다는 등, 사람의 불안과 과거의 불행을 이용하여 고액의 상품을 계약하게 한다.
점검 상법 실험 상법	고령자	이불, 건물청소서비스, 정수기	이불에 진드기가 있으니 점검하라든가, 수도수가 나쁘다고 실험한다든가 하여 사실과 다른 것을 말하여 상품을 사게 한다.
사칭(詐稱) 상법	고령자	정수기, 이불, 소화기, 전화기 리스 계약	소방서에서 나왔다는 등 공적기관과 유명기업의 직원으로 사칭하여 고액의 계약을 하게 한다.

7. 소비자 거래 적정화의 문제와 법

소비자가 상품 및 서비스를 적절히 선택하기 위해서는 사업자로부터 정확하고도 필요한 정보가 제공되어 소비자 스스로 이해하여 자유로이 의사결정을 할 수 있는 환경이 필요하다. 그러나 현대의 소비자 거래는 점포에서의 거래 외에 방문판매, 다단계판매, 인터넷이나 휴대전화에 의한 전자상거래 등 다양하고 복잡하다.

더구나 부당한 거래행위를 이용한 악질 상법에 의한 소비자 피해가 급
증하고 있어 그것의 구제와 미연 방지, 확대 방지가 현대의 가장 중요
한 과제가 되고 있다. 악질 상법은 계약 경험이 없는 젊은이나 고령자
를 목표로 하여 행해지며 기습적 권유, 판매 목적을 숨기고 접근하여
집요하게 권유하는 것, 폐쇄적 분위기에서 위압적 언동을 이용하여 강
제로 계약을 체결하는 것, 허위 설명과 과대표시 등에 의한 계약 체결,
부당한 해약 거부 등이 있다(표 6-3). 또한 상품 등의 지불에 대해 신용
판매회사에 의한 크레디트 계약과 대금업자의 캐싱 등이 이용되어 다
중채무에 빠지는 경우도 많이 보이고 있다. 이 때문에 특정상거래법과
할부판매법 등의 법률에 의해 소비자 거래의 적정화를 꾀하고 있는 것
이다.

〈표 6-3〉 청약철회(Cooling Off)제도* 일람

거래내용	근거조문	적용대상	기간
방문판매 캐치세일 등	특정상거래법 9조	점포밖에서의, 지정상품 · 권리 · 서비스의 계약	8일간
전화권유판매	특정상거래법 24조	사업자로부터의 전화로, 지정상품 · 권리 · 서비스의 계약	8일간
다단계판매	특정상거래법 40조	멀티상법에 의한 거래, 점포계약을 포함. 지정상품제 없음.	20일간
특정계속적 용역제공	특정상거래법 48조	에스테틱, 외국어회화교실, 학원, 가정교사, 컴퓨터교실, 결혼상대소개서비스의 계속적 계약. 점포계약을 포함한다.	8일간
업무제공유인 판매거래	특정상거래법 58조	내직상법에 의한 거래 · 점포계약을 포함한다. 지정상품제 없음.	20일간
크레디트 계약	할부판매법 4조 4항, 29조 4항, 30조 6항	점포 밖에서의 할부판매법의 지정상품 · 권리 · 역무의 신용 계약	8일간

택지건물거래	택지건물거래업법 37조 2항	점포 외에서의 택지건물의 거래. 택지건물업자가 매주(賣主)가 되는 것만	8일간
해외상품선물거래	해외선물거래규제법 8조	점포 외에서의 지정시장·상품의 해외상품선물거래	14일간
예탁 등 거래계약	특정상품예탁법8조	지정상품의 3개월 이상의 예탁거래. 점포계약을 포함한다.	14일간
투자고문계약	유가증권투자 고문업법 17조	투자고문계약·점포계약을 포함한다.	10일간
상품펀드계약	상품투자사업규제법 19조	상품투자계약·점포계약을 포함한다.	10일간
골프회원권 계약	골프회원권계약법 12조	50만 엔 이상의 골프회원권의 신규 판매계약·점포계약을 포함한다.	8일간
부동산특정공동 사업계약	부동산특정공동 사업법 26조	부동산특정사업계약·점포계약을 포함한다.	8일간
생명 손해보험 계약	보건업법 309조	점포 외에서의, 계약기간 1년을 초과하는 생명보험·손해보험 계약	8일간
소액채권판매계약	특정채권사업 규제법 59조	소액채권판매계약·점포계약을 포함한다.	8일간
관혼상제상조회 계약	업계표준약관	관혼상제 상조회의 입회계약. 점포계약을 포함한다.	8일간

특정상거래법은 방문판매, 통신판매, 전화권유판매, 다단계판매, 특정계속적 용역제공, 업무제공유인판매거래, 네거티브 옵션Negative Option 을 적용대상으로 하고 있어 부당한 권유를 금지함과 동시에 청약철회제도 등의 민사법을 도입하여 소비자를 보호하는 규정도 설정되어 있다. 또한 법 위반의 사업자에 대해서는 영업정지처분과 같은 행정처분과 벌칙 규정도 설정되어 있다. 할부판매법도 소비자 신용거래의 적정화를 도모한다. 소비자계약법은 소비자 거래에 있어서의 부당

---

* **청약철회제도** 기간의 기산일은, 「법이 정한 계약서면이 교부되고, 쿨링 오프가 가능하다고 통보받은 일」 또는 「쿨링 오프의 고지의 날」부터 기산한다. 단 다단계판매에서 재판매의 경우는 상품을 받은 날이나, 어느쪽이든 늦은 날, 또한 해외선물거래는 초일은 계산에 넣지 않음. 청약철회는 내용증명우편 또는서류우편 등의 서면으로 통지해야 한다.

권유에 의한 계약에 취소권을 부여함과 동시에 부당 약관을 무효화하는 규정을 명시하고 있어, 부당한 소비자 거래를 명확화하여 소비자 피해의 구제를 민법에 의해 용이하게 한 민사법이다. 이 외에 민사법 중 안전에 관한 것으로 제조물책임법, 거래에 관한 것으로 금융상품 판매 등에 관한 법률과 전자소비자계약 및 전자승락통지에 관한 민법 특례에 관한 법률이 창설되어 있다.

현재 소비자계약법 등의 판례가 늘어나고 있고 재판 외에 소비자 피해를 구제하기 위해 소비생활센터 등이 법률을 근거로 소비자 분쟁을 해결하기 위한 상담을 실시하기도 하며, 법률을 위반한 사업자에게 행정처분을 강화함과 동시에 소비자 교육·계발을 충실히 하며 더욱 강화하고 있다. 그러나 법률의 제정·개정은 일반적으로 피해가 발생하고 나서의 사후적 대응이기 때문에 일정의 피해자는 구제를 받지 못하는 경우가 있다. 이 때문에 업계 단체 등에 의한 자기기준의 작성과 소비자 단체에 의한 시장 감시 등으로 악질 사업자를 배제하여 공정한 시장경쟁이 이루어지도록 환경을 정비할 필요가 있다.

8. 고도 정보통신에 관한 새로운 소비자 문제와 법

IT고도 정보통신의 급속한 발전에 따라 쌍방향성의 정보교환이 시간과 거리 등의 한계를 넘어 행해지며 정보 수집력 등의 편리성이 비약적으로 증가하였다. 또한 전자상거래 등의 새로운 거래 형태가 출현하였다. 이러한 움직임은 'IT혁명' 이라 불린다. 이에 따라 IT 관련 새로운 소비자 피해가 급증하고 있다. 예를 들면 전자상거래에 있어서의 잠적행위와 위장행위, 결재를 둘러싼 피해, 정보 보호의 문제, 지적재산권의 문제, 개인정보 보호의 문제 등이다.

또한 휴대전화 등에 의한 밀회 사이트, 스팸메일, 부정한 국제전화 접속 등의 부당 청구 피해와 통신방해 문제 등의 새로운 소비자 피해가 잇달아 발생하고 있다. IT 관련의 소비자 피해는 순식간에 광범위하게 피해를 발생시키는 특징이 있다. 또한 국제거래는 용이해졌지만 피해를 입었을 경우의 해결은 곤란하다. IT 관련의 새로운 소비자 문제는 지금까지의 법규제 범위로는 해결할 수 없는 경우가 많아 정부는 전에 없던 신속함으로 많은 법률을 창설·개정하여 사업행위를 규제하고 있다. 예를 들면 스팸메일은 특정상거래 및 특정전자메일 송신의 적정화 등에 관한 법률 및 도쿄 소비생활조례 등으로 규제하였다. 또한 개인정보보호법을 제정하여 전자 데이터의 악용을 금지하고 있다. 사업자는 법령 등을 엄격히 준수하여 장기적으로 안정된 사업활동을 전개할 필요가 있고, 소비자는 IT의 특성을 인식한 신중한 이용이 요구된다.

9. 모든 사람이 대응해가야 할 지구 규모의 환경문제와 법

고도 경제성장이 가져다준 물자의 풍요로움과 다양화의 한편으로는 생명과 건강에 직접 영향을 주는 산업공해, 자연파괴, 폐기물의 증대 등의 문제가 국경을 초월하고 세대를 넘어 영향을 미치고 있다. 이는 인류의 생존기반을 뒤흔드는 지구 규모의 환경문제이다. 또한 환경호르몬과 유전자변환식품 등의 새로운 환경문제에 대한 관심도 높아지고 있다. 이처럼 환경문제는 사업자의 산업활동에 의한 공해뿐 아니라 일반시민의 자동차 배출가스와 생활폐수, 냉난방 등에 기인하는 생활형 공해도 그 원인이 되고 있어 시민도 가해자이면서 피해자가 될 수 있는 문제이다. 이 때문에 환경보전, 자연과의 공생, 자원의 유한성 등을 인식하는 것이 전 인류의 중요한 과제가 되었다. 인구, 식량 문제로부터 자원, 에너지 등에 대해 고도 경제사회가 다면적, 복합적으로 환경에 부여하는 영향을 인식하여 환경에 대한 부하가 적은 사회의 구축을 목표로 한 대책 수립이 전 인류에게 요구된다.

국가는 환경기본법, 동법을 근거로 한 환경기본계획에 의해 환경정책의 방향성을 명확히한 시책을 매년 점검하고 있다. 또한 폐기물의 삭감과 재이용, 불법 투기 방지를 위한 순환형사회형성추진법을 제정함과 동시에 포장용기, 가정 전화電化 제품, 건축자재, 식품의 분야별로 재활용법을 제정하여 폐기물·재활용 대책을 강구하고 있다. 지방공공단체도 조례 등으로 환경문제의 대응책을 사업자, 주민의 책무로 규정하고 있다. 예를 들면 도쿄는 환경기본조례를 제정함과 동시에 공해방지조례를 환경확보조례로서 전면 개정하여 도민 전체가 환경에 부하가 적은 사회를 지향하도록 대응방안을 정하고 디젤차 규제, 에너지 절약 대책 등의 구체적인 대응책을 실시하고 있다.

국제적인 대응책으로는 석유 등 화석연료에서 방출되는 이산화탄소 등에 의한 지구온난화 대책이 주목된다. 정부는 지구온난화대책추진대강을 책정하여 교토의정서에 의거 1990년에 비해 6%의 CO_2 삭감 의무를 달성하도록 노력하고 있다.

또한 국제적 민간기관인 국제표준화기구의 ISO 14001의 취득이 촉진되고 있다. 일본에서도 JIS Q 14001로 공식적으로 제정되어, 이에 대한 인증을 취득하여 공개함으로써 거래와 투자 등의 대상으로 하는 등에 활용되고 있다.

소비자도 대량소비의 실태를 직시하여 자원 재활용, 환경상품의 구입, 에너지 절약, 철저한 쓰레기 분리수거 등 가까운 일에서부터 환경을 배려한 행동을 취할 필요가 있다.

이처럼 환경문제에 대해서 법률 등을 준수하는 것뿐만 아니라 사회를 구성하는 모든 소비자와 사업자 등이 모든 행동에서 환경을 배려하여 파트너십에 의한 대응으로 환경문제의 발생을 억제할 필요가 있다.

part 07

현대의
소비자 행정

이 장에서는 사회경제와 소비자 문제의 변화에 대응한 소비자 행정의 변화, 그 의의와 전개의 이상적 방향, 국가와 지방자치단체의 소비자 행정의 역할 분담, 업무 담당의 국민생활센터와 소비생활센터의 현황과 과제에 대해 생각해보기로 한다.

새로운 소비자 문제와 행정의 대응

1. 사회경제의 변화에 따라 발생하는 새로운 소비자 문제

과학기술의 눈부신 발전과 수입상품의 증가 등에 따라 신제품과 다양한 서비스가 등장하게 되었다. 이러한 것들은 소비생활의 편리성을 증대시키는 한편 소비자와 사업자 간에 정보력 및 교섭력의 구조적 격차를 만들어내어 새로운 소비자 문제를 야기시키고 있다. 예를 들어 유전자변환식품 등의 안전성 문제가 끊임없이 제기되고 휴대전화나 인터넷을 이용한 새로운 거래에 의한 소비자 피해가 급증하고 있다. 또한 지구의 온난화와 자원, 폐기물 문제 등 환경문제가 심각해지고 있다. 따라서 소비자 행정은 현대의 소비자 문제를 단순히 상품과 서비스를 구매하여 사용, 이용하는 데 따른 제한된 문제로 받아들일 것이 아니라 사회경제의 변화에 수반되어 발생하는 새로운 소비자 문제를 파악하고 국제적 관점에서 바라보며 소비자 피해의 실태

를 정확하게 파악함으로써 피해의 미연 방지, 확대 방지를 추구할 필
요가 있다.

2. 시장 메커니즘 중시와 체크형 행정

사업자의 목적은 최대 이윤을 추구하는 것이기 때
문에 이윤을 얻기 위해 상품과 기술을 개발하고 생산, 유통, 판매활동
을 한다. 또한 장기적으로 안정된 경영을 도모하기 위하여 소비자의
요구와 욕구에 대응할 수 있는 사업 확대를 꾀한다. 소비자는 상품 등
의 선택을 적절히 행함으로써 시장을 통하여 사업자의 생산·판매 등
의 활동 내용을 결정하게 된다.

이러한 활동과 행동이 시장에서 공정하면서도 자유롭게 이루어진
다면 소비자 문제는 발생하지 않을지도 모른다. 그래서 행정은 ❶모든
사업자 간에 공정하고도 자유로운 시장경쟁이 행하여질 것, ❷소비자
가 적절하게 상품 정보 등을 얻어 그것을 이해하고 스스로 판단하여
선택할 수 있는 상태에 있을 것의 두 가지 안건을 만족시킨 시장 메커
니즘을 중시한 소비자 행정으로 이행되고 있다.

그러나 현대의 소비사회에서는 사업자와 소비자 간에 여러 가지 격
차가 있어 대등하다고 말할 수 없다. 게다가 법령이나 시장의 법칙에
반대되는 사업행위를 행하는 사업자도 나타나고 있어 여러 가지 피해

가 발생한다. 이 때문에 행정은 규제완화 정책을 추진해가면서 동시에 시장 법칙에 관한 법 정비와 법률 위반 사업자에 대한 엄격한 행정조치 등의 사후점검형 행정으로 이동하고 있다.

3. 소비자와 사업자 간의 격차에 의한 소비자 문제

현대사회에는 소비자와 사업자 사이에 아래와 같은 격차가 구조적으로 발생하고 있기 때문에 소비자 문제가 일어난다.

① 정보의 격차

사업자는 상품 및 서비스의 개발에서부터 제조, 유통, 판매에 이르는 각각의 과정에 대해 전문적인 정보를 가지고 있다. 법적 규제도 있지만 대부분은 사업자의 허용 범위에서 정보를 제공하거나 표시를 하고 있다. 소비자는 그러한 것들로부터 얻은 정보와 학습으로부터 얻은 지식만으로 판단하지 않으면 안 된다. 이처럼 사업자와 소비자 간에는 질적으로나 양적으로 필연적으로 커다란 격차가 존재한다.

② 기술력의 격차

고도의 기술로 상품을 기획·개발하는 사업자는 기술 시스템으로 대처할 수 있지만 소비자는 조작 등을 배워서 사용하는 정도의 기술이

다인 경우가 많다. 특정의 지식을 가지고 있다 하더라도 개발한 기업을 능가하지는 못한다.

③ 조직력, 교섭력의 격차

사업자는 자본과 인력으로 조직화되어 전문성을 가지고 있다. 일반 소비자는 개인이고 상담하는 상대도 가족이나 친구 등에 국한되어 있다. 계약 해지 교섭의 경우를 예로 들어보면, 이는 초보적인 개인인 소비자가 전문가로 조직화된 사업자와 협의하는 것이 되어, 소비자와 사업자가 대등한 입장에서 교섭하는 것이 어렵다. 교섭에 있어서도 사업자의 이해를 얻을 수 있다면 분쟁은 쉽게 해소되지만 사업자가 교섭에 응하지 않을 경우나 소비자에게 불리한 조건을 일방적으로 제시하는 경우도 있다.

4. 현대의 소비자 피해의 특징

현대의 소비자 피해의 실태를 분석하면 다음과 같은 네 가지 특징을 들 수 있다. 첫 번째, '피해는 보편적으로 발생' 한다. 상품 및 서비스는 사업자에 의한 기획, 원재료의 선택에서부터 과학기술에 의한 제조공정을 거쳐 소비자에게 제공된다. 특히 신기술에 의한 신제품의 개발이 촉진되고 있지만, 인력과 기계 등이 만들어내는 모든 상품과 서비스가 아무리 완벽한 것으로 제공했다손 치더라도 하자담보책임 책무 불이행의 문제가 절대로 발생하지 않는다고 단언할 수는 없다. 제품이 절대적으로 안전하다고 하는 것은 불가능하기에 항상 감시가 필요하다.

두 번째로는 '피해의 원인 규명이 곤란'하다는 것이다. 상품의 생산, 유통, 판매까지에 많은 사업자가 관여하고 있어 피해의 원인이 어떤 장면, 과정에서 발생하고 그 원인은 무엇인지를 밝혀내는 것이 곤란한 경우가 많다. 특히 고도의 과학기술로 생산된 상품에 의한 피해의 원인 규명은 더 힘든 경우가 많다.

세 번째로 '심각한 피해'가 많다는 점이다. 유해화학물질로 인한 위험과 위해, 그리고 다양한 거래에 의한 고액의 재산적 피해, 더불어 공교한 화술 등으로 사람을 속이는 수법도 있어 정신적 피해를 안겨주고 있다.

네 번째로 '피해가 광범위하고 빠른 공략으로 확대'된다. 대량생산, 대량판매의 상품에 문제가 발생하면 피해는 광범위하게 연속적으로 발생한다. 또한 인터넷 등에 의한 전자상거래 피해와 프라이버시 침해는 순간적으로 국경을 넘어 확대된다.

5. 소비자 문제에 행정이 개입하는 의의

행정이 개입하여 소비자와 사업자 간의 정보력과 교섭력 격차를 시정, 소비자 이익의 확보와 소비자 피해의 구제를 통해 소비자 문제를 해결하는 것은 공익성이 있어 효과적·효율적이다. 소비자기본법은 「국가 및 지방공공단체는 소비자 권리의 존중 및 그 지원 등의 기본이념에 준하여 소비자 정책을 추진할 것을 책무」로 규정하고 있다. 행정이 소비자 문제에 개입하는 의의는 아래와 같다.

❶국민생활의 안정과 향상을 위해 소비자와 사업자 간의 격차를 시정하며 공정하면서도 자유로운 시장을 확보하기 위하여 일정한 법칙을 규정할 필요가 있다.

❷시장의 법칙에 위반되는 것과 같은 부당한 사업활동을 배제할 필요가 있다.

❸사업활동의 규제와 소비자 지원, 피해 구제를 위한 환경 정비가 필요하다.

❹생산과 소비의 거래가 확대되어 피해의 원인 규명과 사업자 책임을 특정하는 것이 곤란해지는 등 법률상의 권리의무 관계가 불명확할 경우가 많다.

　　　　　행정은 소비자 문제를 결정하여 사람들의 소비생활의 안정과 향상을 꾀하기 위하여 법률 등에 의해 사업자의 활동을 규제함과 동시에 소비자 피해의 구제와 미연 방지, 확대 방지를 위해 정보 제공 등 소비자 지원책을 강구하고 있다. 사회경제 상황의 변화에 적절하게 대응하여 개입할 필요가 있어 소비자기본법에서 그 범위를 규정하고 있다. 1968년 5월에 제정된 소비자보호기본법은 소비자를 보호의 대상으로 하고 있지만, 36년 만에 개정된 소비자기본법2004년 6월 2일 공포·시행은 소비자의 권리를 확보하고 소비자의 자립을 지원하는 것을 기본이념으로 한다.

　동법은 행정, 사업자, 소비자, 각 단체 등이 소비자 문제에 개입해야 하는 책무와 역할, 시책의 방침 등을 설정하고 있다. 소비자기본법의 주된 개정 요지는 아래와 같다.

❶「소비자 권리의 존중과 그 자립을 지원한다」 등의 기본이념 신설.

❷ 사업자의 정보 제공과 자주행동기준 작성 노력 등의 책무가 확충되었다. 또한 소비자도 환경보전, 지적재산권 등의 적절한 보호 등 역할이 확대되었다.

❸ '사업자 단체의 역할', '소비자 단체의 역할'의 규정이 신설되었다.

❹ '소비자기본계획'의 책정, 소비자정책회의로서의 기능 강화.

❺ '소비자 계약의 적정화' 규정을 신설하였다.

❻ '광고 및 기타 표시의 적정화'로서 광고의 적정화를 명시하였다.

❼ 지방공공단체의 구체적 시책으로, 처음으로 「개발활동 및 교육의 추진」과 「소비자의 자립」을 지역사회, 경제상황에 맞춰 지원하도록 규정하였다.

❽ '고충 처리 및 분쟁 해결의 촉진'은 광역 시·도와 시·군·읍·면이 연계하여 강구할 것, 또한 광역 시·도는 고도의 전문성을 가지고 광역의 의견 배려와 다양한 고충에 대해 유연하면서도 탄력적으로 상담에 응할 것을 규정하였다.

❾고도 정보통신 사회, 국제적 연계의 확보, 환경보전에 대한 배려의 시책을 신설하였다.

국가의 소비자 행정

1. 소비자 행정의 두 가지 기둥

소비자 시책을 종합적으로 기획·추진하기 위해 소비자기본법에 의거 '소비자정책회의'가 설치되어 있다. 또한 행정이 독자적으로 시책을 전개하는 것이 아니라 내각부의 국민생활심의회와 경제산업성의 산업구조심의회 등과 지방공공단체의 소비생활대책심의회 등을 설치하여 학자, 소비자 단체, 사업자 단체 등의 위원 의견이나 공적인 폭넓은 의견을 정책에 반영시키고 있다.

소비자 행정은 ❶과 ❷를 주축으로 전개되어왔지만 앞으로는 ❸의 대응도 필요하다.

❶사업자 규제 행정: 법률에 의한 안전성의 확보 표시 및 소비자 거래의 적정화를 위한 법규의 제정, 부당한 사업행위의 배제를 위한 행

정조치 등

❷소비자 지원 행정: 소비자 피해의 미연 방지를 위해 소비자가 스스로 자유로운 의사로 상품을 선택할 수 있도록, 또한 라이프스타일을 직시하여 합리적으로 행동할 수 있도록 정보 제공과 소비자 교육 등의 학습 지원

❸협동 추진 행정: 행정이 소비자 단체, 사업자 단체와 협력하여 소비자 피해의 미연 방지와 분쟁 해결을 도모한다.

2. 국가 소비자 행정의 체제

국가의 행정기관에서 소비자 행정 전관專管기능을 명기하고 있는 것은 내각부, 경제산업성, 농림수산성, 총무성, 금융청 등으로 직접 소비자 대응을 행하는 부와 과를 두고 있는 경우는 제한적이다. 그러나 소비생활은 생존권과 관계되는 문제이기 때문에 모든 성청省廳과 관계가 있다. 각 성청은 소비자의 이익을 확보하기 위한 법 조정과 법 위반자에 대한 행정처분을 적극적으로 행해야 한다.

내각부는 전 성청의 조정 역할을 한다. 내각부 국민생활국 소비자기획과와 소비자조정과가 소비자 정책의 종합 조정을 담당하고 있다. 또한 공정거래위원회는 2003년부터 내각부의 중심에 위치하고 있다. 기타 각 성청의 소비자행정담당과장회의의 개최와 식품 행정에 관계

하는 각 성청의 담당과장을 멤버로 한 식품행정연락회의 등이 개최되고 있지만 종적 행정이라는 비판도 받고 있다.

한편 소비자의 자립을 지원하기 위하여 적절한 정보 제공, 즉 소비자 피해의 구제, 상품 등의 적절한 선택과 행동이 행하여질 수 있도록 하는 소비자 교육 등의 정보 제공이 이루어지고 있다. 농림수산성의 '소비자의 창', 경제산업성의 '소비자 상담실'과 총무성의 '전자통신에 관한 소비자 상담실', 금융청의 '금융서비스 이용자 상담실' 등이 있다.

3. 국민생활센터

국민생활의 안정 및 향상에 기여하기 위해 종합적 견지에서 국민생활에 관한 정보의 제공 및 조사·연구를 행할 목적으로 1970년 10월 1일에 경제기획청 관할의 특수법인으로서 국민생활센터가 설립되었다. 그리고 2003년 10월부터 독립행정법인 국민생활센터가 되었다. 국민생활센터는 내각부가 관할하는 국가에 준하는 업무를 수행하는 기관으로서, 전국의 소비생활센터와 연계하여 소비자 상담 정보의 집약, 상담원의 양성과 연수 등을 실시하여 소비생활센터의 핵심적 역할을 하고 있다. 그 주요 업무는 다음과 같다.

❶소비자 정보의 집약과 보편화 : 국민생활센터, 도도부현都道府縣, 시구정촌市區町村의 전국적인 소비생활센터의 소비생활 상담 정보를 네트워크 시스템PIO-NET으로 연결하여 고충 상담 등을 수집하고 분석·평가·정보 제공을 실행하고 있다. ‘위해정보시스템’을 이용하여 상품 등에 의한 사고 정보를 수집하고 사고 원인 등을 분석·평가한 후에 최종 정보를 제공하고 있다.

❷소비생활 상담: 소비자로부터의 상담에 대하여 정보 제공과 조언, 알선 등을 실행하고 있다. 또한 전국의 소비생활센터로부터 상담처리에 대한 문의에 대하여 조언하거나 전문가의 조언을 받아 인계처리도 실시하고 있다.

❸소비자 문제의 적발: 악질 상법 등의 정보 수집과 조사·분석·평가 업무를 수행하여 언론 발표 등에 의해 널리 정보를 제공하여 피해의 확대 방지를 꾀하고 있다. 또한 TV프로그램에 정보 제공, 정보지나 전문지 등에 정보를 제공하고 있다.

❹상품 테스트: 전국의 소비생활센터에 밀려드는 소비자로부터의 상품에 의한 피해의 원인 규명을 위한 테스트를 실시하고 있다. 또한 사고 위험의 우려가 있는 상품에 대해 미연 방지·재발 방지를 위해 문제제기형 테스트를 실행하여 정보를 제공하고 있다.

❺교육 연수: 소비생활 상담원을 위한 사전연수, 소비자 리더·소비자 행정직원·기업 등을 대상으로 다양한 테마로 연수를 실시하고 있다.

❻조사 연구: 국민생활의 현황과 소비자 문제의 동향에 관한 종합적
인 조사 연구, 생활 관련 도서 등의 수집·발행 및 열람 서비스를 실행
하고 있다.

❼소비생활 상담원의 양성과 소비생활 전문 상담원 자격시험 실시:
국민생활센터 등에서 상담 업무를 행하고 있는 상담원의 양성 및 능
력·자질 향상 등을 도모하기 위하여 각종 연수와 자격인정시험 등을
실시하고 있다.

지방공공단체의 소비자 행정

1. 지방공공단체의 소비자 행정 추이

1961년 도쿄에 '소비경제과'를 설치한 것을 계기로 현縣 수준의 몇 개소에 소비자 행정의 전담관리과가 설치되었다. 1968년 5월의 소비자보호기본법 제정을 받아들여 이듬해 3월에 지방자치법의 일부가 개정되어 지방공공단체의 사무 가운데 소비자 보호에 관한 사무가 명기되었다.

이후 지방공공단체의 소비자 행정 체제는 본격화되었다. 모든 도都 · 도道 · 부府 · 현縣 및 정부에서 지정한 많은 시市 · 구區에 소비자 행정을 담당하는 전담관리과 등이 설치되어 주민의 소비생활에 관한 소비생활조례를 제정하여 소비자 행정을 수행할 때의 기본 지침과 시책의 근거로 삼고 있다. 더구나 소비자기본법으로서 2004년 6월 2일에 개정 · 시행된 것을 받아들여 많은 지자체가 소비생활조례를 개정하고 있다.

또한 소비자 지원 행정의 중심적 역할을 감당하고 있는 '소비생활 센터'는 1965년 11월에 효고 현이 산노미야 역 앞에 '효고 현립 고베 생활과학센터'라는 이름으로 처음 설립하였다. 1960년대 후반부터 1970년대에 걸쳐서 각 도·도·부·현과 시·구를 중심으로 소비생 활센터소비자센터 등의 이름으로 불리는 곳도 있지만 소비생활센터라고 총칭함가 잇달아 탄생하 였다. 전국 각지의 소비생활센터는 2005년 4월 1일 현재 524개소에 달한다. 소비생활센터는 소비자로부터의 상담 대응, 소비자 계발, 소 비자 교육 등의 거점역할을 하는 행정기관이다. 소비생활 상담과 소비 자 단체와의 교섭 등에 의해 소비자 문제를 실시간으로 파악할 수 있 어 소비자 피해에 신속하게 대처함은 물론 언론매체 등을 통하여 경고 를 발하여 피해의 확대 방지를 꾀한다. 상담 정보는 법 개정 등에도 반 영시키고 있다.

2. 지역 소비자 행정의 역할

지방공공단체의 소비자 행정은 지역의 특수성을 살려 주민을 위해 실천적 시책을 행하는 특징이 있다. 도·도·부·현 이나 시·구·정·촌도 다같이 소비자 행정을 실행하고는 있으나 거 기에는 역할 분담이 있다. 도·도·부·현이 실행하고 있는 사업자 지 도 등의 행정조치는 시·구·정·촌에서 접수한 상담 정보를 센서 기능으로서 활용하고 있다. 이것은 법령에 근거한 행정처분 등의 권한의 많은 부분이 도·도·부·현에 분권화되어 있기 때문이다. 또한 최근의 소비자 피해는 복잡하면서도 다양화된 소비자 거래에 의한 피해와 광역적인 피해가 많이 발생하고 있어 도·도·부·현이 스스로 1차적 상담 대응과 더불어 시·구·정·촌과 연계하여 적극적으로 대응할 것을 개정된 소비자기본법은 명확하게 규정하고 있다.

또한 시·구·정·촌은 주민의 가장 가까이에 있는 지방공공단체로서 소비자 문제의 최전선에서 실천적 시책을 강구할 필요가 있다. 주민은 일상생활 속 의식주의 모든 부분에서 지역사회의 영향을 가장 많이 받고 있기 때문에 극히 세세한 행정적 대응을 꾀할 수 있다. 예를 들면 소비자 피해가 발생했을 경우는 가능한 한 빨리 가까운 소비생활센터에 달려가 상담함으로써 신속하게 피해를 구제받는 경우가 많다.

그러나 최근에는 고도의 전문적 상담처리가 필요한 안건도 많다. 이러한 안건에 대해서는 도·도·부·현과 연계하여 변호사 등의 전문가의 조언을 받아 피해 구제를 도모하는 시스템이 구축되어 있다. 또한 환경문제에 관해서는 쓰레기 분리수거와 재활용 등 소비자 자신의 주변으로부터 확대하여 지구 규모의 환경문제로 연결되는 것이기 때문에 그 대응책에서 지역사회로서의 시·구·정·촌이 감당해야 할 역할이 크다.

3. 소비생활센터

　　소비생활센터는 북해도청, 요코하마 시 등 일부의 기관이 본거지의 소비자협회 등에 업무 위탁을 하고 있지만 거의 대부분의 도·도·부·현과 시·구·정·촌은 행정의 직할기관으로 되어 있다. 소비생활조례 등에 설치 규정을 두고 소비생활센터의 역할을 명시하고 있다. 명칭은 '소비생활센터'가 많지만 '생활과학센터', '현민생활센터', '소비생활상담실' 등으로 되어 있는 곳도 있다. 또한 규모의 크고 작은 차이는 있지만 업무 내용의 차이는 적으며 주된 업무는 다음과 같다.

❶소비자 상담: 소비생활과 관련된 상품과 서비스의 안전성과 품질, 계약·해약에 관한 고충·문의 등을 소비자로부터 접수하여 자주교섭의 조언과 정보 제공을 하고 있다. 고령자와 같이 스스로 문제해결이 곤란한 사례와 악질성이 높은 사례는 소비생활센터가 사업자에게 조사 의뢰 및 분쟁 해결 요청, 해결안 제시 등의 알선 활동을 하고 있다. 또한 상담 정보는 집약·분석하여 피해 방지를 위한 개발과 행정처분과 행정조치 등에 활용하고 있다.

❷소비자 교육: 소비자가 적절하고도 합리적으로 상품을 선택할 수 있도록 또는 악질 상법에 의한 피해의 미연 방지를 위해 강좌 등을 개최한다. 또한 포스터나 팸플릿, TV 등의 여러 가지 매체와 수법·수단

을 이용하여 정보 제공을 하고 있다.

❸자주 활동의 지원: 소비자와 소비자 단체가 스스로 학습할 기회를 지원하기 위해 교실 등 배움의 장소를 제공한다. 또한 소비자 단체 등에 의한 소비생활전시회의 개최 지원 등 지역 소비자의 계발 활동을 지원하고 있다.

소비자 행정의 새로운 전개

1. 지역 소비자 행정의 새로운 전개

현대사회는 소비자 거래의 다양화·복잡화 및 고도 전문성을 가지는 분쟁의 다발 등 소비자 피해가 증가하고 있다. 또한 IT사회의 도래 등으로 새로운 소비자 피해가 발생하여 지금까지의 법률의 범위 내에서는 해결할 수 없는 소비자 피해가 속출하고 있다. 또한 정책은 규제 완화를 추진하고 있어 기업에 대한 사전 규제로부터 감시와 처벌을 강화하는 쪽으로 바뀌고 있다.

따라서 21세기에 걸맞은 소비자 행정의 전개를 목표로 소비자보호 기본법을 소비자기본법으로 36년 만에 전면 개정하여 소비자의 권리를 높이고 그 권리를 확립하기 위해 소비자의 자립을 지원하는 것을 행정과 사업자의 책무로 규정하였다. 소비자기본법을 기본적인 틀로 하여 국가와 지방공공단체의 소비자 행정, 사업자·사업자 단체, 소비자 · 소비자 단체 등이 소비자 문제 해결을 위해 대응책을 세우는 것이 중요하다.

특히 ❶규제 완화가 추진되고 있지만 소비자 피해가 다발하고 있는 악질 상법 등의 소비자 거래에 대해서는 지금까지 이상으로 엄격한 규제가 필요하다. 또한 ❷소비자 단체 · 사업자 단체 등의 민간의 활력을 유효하게 활용한 협동체제에 의한 소비자 계발 사업은 한 사람이라도 많은 소비자에게 적정한 정보가 도달되도록 하여 소비자 피해의 미연 방지에 유효하다. ❸법률 · 조례 위반의 사업행위를 행하는 사업자에 대해 조사 · 지도 등의 행정처분을 엄격하게 집행할 필요가 있다. ❹더욱이 민간의 소비자 상담실 등 재판 외 분쟁처리기관과 소비생활센터가 연계하여 적절하고도 신속하게 소비자 피해를 구제할 필요가 있다.

2. 협동 추진 행정의 전개

공정하면서도 자유로운 시장을 구축하여 시장 메커니즘을 중시하는 사회를 목표로 하기에는 시장을 구성하여 움직이고 있는 당사자인 사업자와 소비자 쌍방이 정보력 · 교섭력 등의 격차가 생기고 있는 것을 이해하고 소비자 문제의 발생을 억제한다고 하는 소비자 문제에 대한 공통의 인식과 목적을 가지고 행동 · 활동하는 것이 중요하며, 행정은 그러한 것들을 제공할 책무가 있다. 예를 들면 소비자 피해의 미연 방지와 확대 방지를 도모하기 위하여 소비자, 사업자, 행정이 각각의 역할과 책무를 다하는 것은 물론 파트너십에 의한 시책을 행함으로써 각 주체와 행정의 한계를 넘어선 시너지 효과를 기대할 수 있다. 종래는 사업자 규제 행정과 소비자 지원 행정의 두 가지 축으로 전개되어왔지만 이제부터의 소비자 행정은 나아가 소비자 및 사업자가 협동으로 소비자 문제 해결과 피해 구제 등에 대응하도록 지원하는 '협동 추진 행정'의 전개가 바람직할 것이다. 특히 실천적 시책을 강구하는 지방공공단체를 중심으로 그것이 요구되고 있다.

3. 기업의 준법 경영의 촉진

사업자가 사업활동을 하면서 기업윤리와 사훈 등으로 실행하고 있는 마케팅 컨셉트의 변천을 살펴보면 ❶생산 지향 → ❷판매 지향 → ❸소비자 지향 → ❹사회 지향으로 변화해왔다. 생산 지향은 수요를 생각하기에 앞서 상품을 개발하여 그것을 내다 팔려고 하는 기업 자세이다. 그후 시장에서 공급과 수요가 역전되면서 필연적으로 기업 간의 경쟁도 격화되기 때문에 판매 지향이 나타났고, 더 나아가 소비자 지향을 도입한 마케팅 컨셉트라고 하는 새로운 이념이 출현하였다. 소비자 지향은 고객만족의 원점原点을 만드는 것이어서 현재 많은 사업자가 추진하고 있다.

또한 사회 전체 이익의 추구와 조화를 꾀하는 것을 마케팅의 사명으로 하는, 사회 지향의 경영을 도입하려는 움직임이 강해지고 있다. 사회 지향은 지역사회 및 환경에 기업이 끼치는 영향을 고려하여 시책을 세우는 경영이기 때문에 제품 개발에서부터 판매에 이르기까지 일련의 활동에 대해 소비자 지향은 물론 사회·지구적 규모의 관점에서 배려할 필요가 있다.

버블경제 붕괴 후의 불황기는 만들면 팔리는 시대가 아니라 소비자 측도 절약 지향이 강하여 가격이 싸도 사지 않는다. 그러나 자신의 가치관과 부합할 때는 가격에 관계없이 비싸도 사는 경향이 보인다. 이 때문에 타사 상품과의 차별화와 고부가가치 제품, 충실한 A/S 등으로 소비자들이 자사 제품을 우선하여 계속적으로 구입할 수 있도록 기업은 노력하고, 고객만족을 조직적으로 만들어가는 경영CS경영; Customer Satisfaction Management을 마케팅 전략의 중요한 키포인트로 삼아야 한다.

그렇지만 최근에 식품의 위장 표시나 리콜 은폐 등 기업의 불상사가 연달아 표면화되고 있어 소비자의 기업에 대한 신뢰는 현저히 떨어지고 있다. 이 때문에 2003년 5월 내각부 국민생활심의회 소비자정책 부회보고 「21세기형 소비자 정책의 이상적 방향에 대해」에서는 기업에게 법령 준수는 물론이고 사회적 규범까지도 포함한 '자주행동기준'을 작성하여 그것을 공표하고 실천하는 등의 준법 경영을 추진할 것을 제언하고 있다. 현대 소비사회에서 기업은 시장을 움직이는 원동력이기 때문에 사회경제를 리드하고 새로운 전개에 기여할 것을 인식한 자주행동기준을 작성하여 실천하는 준법 경영을 촉진할 필요가 있다. 사업자 내의 효율화 및 효과적 운용뿐 아니라 대사회적 관계의 유지, 협조, 공헌이라는 측면에서 기업이 사회에 공헌할 것을 표명하고 실천하는 것이 요구되는 시대가 되었다. 이러한 활동은 기업의 사회적 책임CSR; Corporate Social Responsibility이라 일컬어진다. 마케팅이 발전한 구미에서는 소비자로부터의 평가에 의해 기업 간의 경쟁력을 높일 뿐만 아니라 투자가는 투자대상의 수익성 외에 사업자의 사회적 활동의 측면도 고려하여 투자처를 선정하는 사회적 책임 투자SRI; Socially Responsible Investment가 실시되고 있어 주목된다. 일본에서도 문제의식이 높은 기업은 환경의 변화를 민감하게 관찰하여 인지하고 기업활동 · 체제를 수정하여 적극적으로 기업의 사회적 책임 시행을 추진하고 있는데, 이러한 기업은 사회와 소비자로부터 신뢰를 받아 기업 간 경쟁에서도 우위에 설 수 있게 된다. 앞으로 소비자는 보다 높은 수준의 생활을 요구할 것이다. 기업의 성쇠는 시장활동에 운명이 달려 있어 사회적 요구인 소비자와 사회의 이익을 고려하지 않는 기업의 지속은 불가능하다. 그렇기 때문에 기업은 소비자 문제의 본질을 이해한 준법 경영을 최고경영자로부터 전 사원에 이르기까지 철저하게 주지할 필요가 있다.

이처럼 앞으로의 소비자 행정은 공정하고도 적정한 시장을 정비하는 환경 정비와 사업자의 준법 경영 촉진, 소비자가 적절하게 상품 등을 선택할 수 있도록 하는 소비자 교육 등을 충실히하고 강화하는 것이 가장 중요하다.

part 08

사업자와 사업자 단체

이 장에서는 시장경제사회의 사업자의 의미와 역할에 대해 사업자의 관점에서 설명한다. 덧붙여서 사업자 단체, 특히 기업 내 소비자 관련 담당 전문가로 이루어진 단체의 목적과 활동 내용, 사회적 역할과 과제에 대해 생각한다.

시장경제사회의
사업자의 역할

소비사회의 사업자의 역할을 생각하기 전에, 현대의 시장경제사회의 사업자_{극히 일반적인, 영리를 목적으로 하는 사업자} 역할을 생각해보자.

사업자의 역할은 상품_{제품 또는 서비스}을 제공함으로써 이윤을 올리고, 고용을 유지하며, 사업자로서 납세의무를 다하고, 주주에게 배당을 주며, 새로운 상품을 위한 연구개발과 시설투자를 감행하어 사업을 계속해가는 것이라고 정의할 수 있다.

여기서는 편의상 제품은 유형의 것, 서비스는 무형의 것으로 구분한다. 제품 또는 서비스_{용역}를 제공하는 사업자의 제공 대상은 제품 또는 서비스를 최종 소비하는 소비자와, 그러한 것들을 자사의 생산 공정에 투입함으로써 자사 제품 또는 서비스를 만들어내는 사업자로 분류할 수 있다. 후자는 공급 체인_{Supply Chain} 가운데 중간 과정을 담당하는 사업자이다.

간단한 예로서 농산물의 생산, 출하로부터 유통을 거쳐 가게에서 소비자에게 구입되기까지의 프로세스를 생각해보자. 생산농가는 농업 사업자이지만, 생산농가의 상품 제공 상대는 일반적으로 유통사업자이고 최종소비자는 아니다. 중매사업자와 도매사업자를 거쳐서 판매사업자에까지 도달되어 소비자에게 제공되는 것이다.

또한 생산농가는 생산활동에 필요한 종자와 종묘, 비료, 농약, 포장재 등의 상품을 구입한다. 이러한 것들은 별도의 사업자가 제공하는 상품이고, 생산농가는 이러한 상품을 투입하여 생산하는 사업자이다.

이와 같이 시장경제에서 제품 또는 서비스의 제공에 관여하는 구조는 공업제품에 있어서도, 또한 형태가 없는 서비스 분야에서도 동일하다고 말할 수 있다. 그런데 현대와 같이 상품의 생산, 가공, 유통, 판매 등을 각각의 사업자가 분리하여 취급하게 된 이유는 무엇일까?

그것은 생산활동에 있어서의 효율 추구의 결과라고 할 수 있다. 즉 생산, 가공, 유통, 판매의 작업을 분업하여 실시함으로써 효율을 향상시켜왔던 것이다. 그 결과 일반시민이 입수 가능한 가격으로 만족할 수 있는 품질의 상품을 제공할 수 있게 되었다고 할 수 있다.

한편으로는, 사업자는 종업원을 고용하고 노동의 대가로서 급여를 지불한다. 종업원은 받은 급여로 생계를 유지한다. 식료품, 생활용품 등 필요한 제품을 구입하여 소비하는 활동을 하고 있는 것이다. 이와 같이 노동과 소비가 순환함으로써 성립되는 현대의 소비경제사회에서는 소비자만 존재하고 사업자가 존재하지 않는 시장은 있을 수 없다.

사업을 계속해 가기 위한 **조건**

앞에서 사업자의 역할은 상품을 제공하고 이윤, 고용, 납세, 배당을 행함과 동시에 새로운 상품을 개발하여 사업을 계속하는 것이라고 정의하였다. 여기서 중요한 것은, 통상 사업자에게는 경쟁상대가 존재한다는 것이다.

1차 상품 생산자, 공업제품의 제조자, 유통사업자, 소매사업자, 서비스사업자 등의 모든 종류에 있어서 시장에서 경쟁이 이루어지고 있다는 것이다. 다시 말하면, 제공을 받는 측_{사는 사람}은 제품과 서비스의 품질_{선도}, 성능, 가격 등의 요소에 대해 항상 다른 제공자의 상품과 비교하여 구입할 것인가 말 것인가를 결정하므로, 자사가 제공하고 있는 제품과 서비스가 경쟁 사업자의 것과 비교하여 매력이 없게 되면 '사는 사람에게 선정되지 않는다＝팔리지 않는다'라고 하는 상태가 되어 사업자의 역할인 사업의 지속이 불가능하게 된다.

따라서 사업자가 사업을 계속해나가기 위해서는 시장에서 사는 사람에게 선정될 수 있는, 다시 말해 품질선도 · 성능 · 가격 등이 좋은 상품을 계속하여 만들어내는 것이 중요하다.

현대사회의
사업자의 역할

다음으로 소비사회에서의 사업자의 역할을 생각해보면, 앞에서 언급한 것만으로는 부족하다고 할 수 있다. 현대사회에서 최종소비자가 제품과 서비스의 선정에 이용하는 요소는 더욱 복잡다양해졌다. 앞에서 말한 품질선도, 성능, 가격 등의 요소 외에 소비자로서는 식품과 가정용 제품의 안전, 안심이 중요한 선정 기준이 되고 또한 제품의 제조 시, 사용 시, 그리고 폐기 시의 환경오염에 관한 의식도 급속히 높아지고 있다. 더욱이 최근에는 사업자의 준법 경영에 대한 대응, 자주행동 기준 책정과 준수에 대한 대비, 기업의 사회적 책임 등도 소비자가 상품과 서비스를 선정할 때 고려하는 항목이 되고 있다. 이러한 상황을 기업 측에서 보면 상품과 서비스의 품질, 성능, 가격이 사는 사람에게 지속적으로 매력적이어야 함은 물론 사업자로서의 자세와 품질을 높이는 것도 중요한 사명이자 역할이 된 것이다.

사업자 단체에 대하여

1. 사업자 단체의 특징

국내에는 많은 사업자 단체가 조직되어 있다. 그러한 단체의 대부분은 생산자, 제조자, 유통사업자 등 동업자가 회원으로서 모여 있고 주로 단체에 소속된 사업자를 위한 사업활동을 목적으로 한다.

2. 정보 발신을 위한 대응책

최근에는 그러한 사업자 단체들도 소비자 문제의 축소나 미연 방지에 투자하는 활동에 적극적으로 개입하는 경향이다. 구체적인 활동으로는 소비자의 관심이 높고 중요한 정보를 알기 쉽게 공개하는 것 등이 있다. 소비자가 올바른 상품 선택을 하는 데 도움을 주는 상품 정보와 안전한 사용방법에 관한 정보를 적극적으로 발신한다. 개개의 사업자가 별도로 정보 발신을 하는 것보다 업계 단체가 모여서 실시하는 편이 기업 선전의 색깔이 옅어져 결과적으로 정보를 받아들이는 소비자에게 보다 신뢰성이 높은 정보로 인정된다는 이점이 있다.

3. 업계 기준과 가이드라인의 제정 및 보급

사업자 단체의 또 하나의 역할로서, 업계 전체 규모의 기업자주행동기준과 가이드라인을 제정하여 단체에 가입하는 사업자에게 보급시킴으로써 악질적인 영업행위와 안전하지 못한 상품을 배제하는 효과도 기대된다.

한편 이러한 사업자 단체에의 가입은 일부 업계를 제외하고는 통상적으로 사업자의 임의이기 때문에 아웃사이드 사업자에게는 효력이 미치지 못한다는 결점이 있다. 그러나 장래 소비자가 상품을 선택할 때 사업자가 이러한 업계 기준을 준수하고 있는지 그렇지 않은지에 대한 평가가 중요한 판단 재료가 될 것이다. 사업자에게는 보다 적극적인 자주행동기준과 업계 가이드라인 준수 태도가 더욱 중요해질 것이다.

4. 소비자 계발 활동을 전개하고 있는 사업자 단체

근래 들어 많은 사업자 단체가 소비자를 대상으로 한 여러 가지의 활동을 전개하였다. 소비자 단체들도 사업자 단체의 사업활동 등을 객관적으로 평가함과 동시에 평가 결과를 널리 공표하여 소비자를 계발시키는 것이 바람직할 것이다.

다음은 소비자에게 유효하다고 생각되는 정보를 홈페이지에 적극적으로 발신하고 있는 일본의 사업자 단체의 예이다.

- 재단법인 가전제품협회 (www.aeha.or.jp)
- 재단법인 식품산업센터 (www.shokusan.or.jp)
- 일본비누세제공업협회 (www.jsda.org/tootop/inder.html)
- 사단법인 일본손해보험협회 (www.sonpo.or.jp)
- 재단법인 생명보험문화센터 (www.jili.or.jp)
- 일본체인스토어협회 (www.jcsa.gr.jp)

소비자 문제에 특화된
사업자 단체의 존재

앞에서는 일본에서 일반적인 사업자 단체는 업종별 사업자 단체라고 설명했지만, 소비자 문제에 대해 특이한 활동을 계속하고 있는 사업자 단체로서 사단법인 소비자관련전문가회의ACAP가 있다. 이 단체에 대해 들여다보자.

1. ACAP의 목적과 조직 개요

ACAP는 기업의 소비자 대응 부문에 종사하는 사람을 주된 회원정회원으로 하는 사단법인 성격을 가진 단체인데, 그 목적을 「본회는 소비자 문제에 관한 전문가의 조직으로서, 기업 내의 소비자 관련 담당자의 전문가로서의 자질과 지위 향상을 도모하고, 기업의 소비자 지향 체제의 정비에 노력을 기울이는 동시에, 아울러 소비자·행정·기업 상호간의 이해를 심화하여 신뢰감의 양성을 도모하며, 그리고 사회·경제의 건전한 발전과 국민생활의 향상에 기여하는 것을 목적으로 한다.」라고 정관에 규정하고 있다.

1980년에 창립되었으며, 2006년 3월 현재 정회원 수는 590명^{507개 회}사에 달하고 있다.

본회는 정회원 외에 특별회원^{행정·교육·소비자 단체 등의 관계자}, 찬조회원^{재정적인 원조를 하는 법인}, 준회원으로 구성되며 회의 운영에 필요한 자금은 주로 회원의 회비로 충당하고 있다. ACAP는 그 주된 구성원인 정회원에 대해 원칙적으로 기업의 소비자 관련 부문에 소속될 것, 정회원 회비에 대해 회원 소속 기업의 부담을 요건으로 할 것을 규정하고 있다는 점에서 사업자 단체의 성격이 강하다고 할 수 있다.

2. ACAP의 사업활동

ACAP는 그 목적을 달성하기 위하여 여러 가지 사업을 실행하고 있는데 목적별로 보면 ❶회원의 자질 향상·지식 확대를 위한 사업, ❷기업의 소비자 지향 체제 정비에 기여하기 위한 사업, ❸소비자 교육·계발에 기여하기 위한 사업, ❹행정 및 지방자치단체 등의 소비자 정책·시책에 기여하기 위한 사업으로 분류할 수 있다.

그 구체적인 내용을 보기로 하자.

① 회원의 자질 향상 · 지식 확대를 위한 사업

회원 자신의 지식, 기술, 정보 등의 축적 · 향상과 소속 기업의 경영에 기여하는 것을 목표로 하여 '사례모임회', '자기연구회' 및 '사설견학회'를 실시하고 있다.

② 기업의 소비자 지향 체제 정비에 기여하기 위한 사업

회원 기업의 소비자 지향 체제의 강화 · 충실을 목표로 하여 연수 사업, 소비자 관련 정보 배급, 출판사업 및 조사사업 등을 실시하고 있다.

③ 행정과 지자체 등의 소비자 정책 · 시책에 기여하기 위한 사업

중앙정부 및 지방행정의 소비자 정책 관련 모든 시책에 대해 협력 · 협찬으로서 다음과 같은 활동을 실시하고 있다.
- 〈월간 소비자〉 협찬사업 및 소비자 문제 국민회의에의 협력
- 국가, 지방자치단체 등의 심의회, 위원회에 위원 파견
- 국가, 지방자치단체 등에 강사 파견

④ 소비자 교육 · 계발에 기여하기 위한 사업

소비자 관련 업무를 주 영역으로 하는 공익법인으로서 소비자 교

육·계발에 기여하는 사업을 특별히 중시하고 있다. 학교 등에의 교육 계발 지원 활동, 소비자 문제에 관한 제언 모집, 계발 자료 전시·배포 활동을 실행하고 있다.

3. ACAP가 목표로 하는 것

앞에서는 ACAP가 추진하고 있는 여러 가지 활동에 대해서 살펴보았다. 이들을 정리하면 다음과 같다.

사업의 제일 첫째는 '회원을 위한 사업'이고, 두 번째는 '회원이 소속되어 있는 기업을 위한 사업'이며, 그리고 세 번째는 '행정과 지방자치단체 등의 정책·시책에 협력하는 사업'이다. 이는 일본 국내의 많은 사업자 단체에서도 참여하고 있는 영역이다.

ACAP 활동의 특징적인 점은, 네 번째의 '소비자 교육·계발에 기여하기 위한 사업'이 충실하게 이루어지고 있다는 점이다. ACAP의 이러한 활동, 즉 학교 등에의 교육·계발 지원 활동, 소비자 문제에 관한 제언 모집 활동, 계발 자료 전시·배포 활동의 주체는 회원 전원이다. 회원이 소속 기업의 허가를 얻어 근무시간에 활동하는 것이 통례다. 같은 내용의 활동을 기업이 단독으로 전개하려고 해도 상대인 학교나 소비자 단체, 지방자치단체, 소비생활센터로부터 잘 받아들여지지 않고, ACAP의 활동이기 때문에 실현되고 있는 부분이 있다. 이러한 현실은 회원과 회원기업에게도 이해를 얻게 되어, ACAP에 대하여 회원기업으로부터 받아들여지는 이해와 신뢰는 더욱 커지고 있다.

　이와 같이 ACAP는 사업자 단체이면서도 그 구성과 활동 내용이 소비자, 소비자 단체, 행정, 지방자치단체, 학교 등으로부터 신뢰받음으로써 사업자인 회원기업으로부터도 신뢰를 얻어 '소비자와 기업의 상호이해를 깊게 하고 신뢰를 높이는, 소비자와 기업의 가교 역할'의 실현에 기여할 수 있을 것이라 생각된다.

사업자의
소비자 대응

이 장에서는 소비자와 사업자의 관계에 대해서 사업자의 관점에서 설명하고, 사업자가 행하는 소비자 대응 활동과 그 역할, 기업의 사회적 책임 활동 가운데 소비자 대응 부문의 참여, 소비자에게 기대되고 있는 역할에 대해서 고찰해본다.

소비자와
사업자의 관계

앞 장에서는 시장경제사회에서의 소비자와 사업자의 관계에 대해서 알아보았다. 이는 시장경제사회라고 하는 테두리 안에 존재하는 '집합체로서의 소비자'와 '집합체로서의 사업자'의 역할을 살펴본 것뿐이다. 여기서는 주로 '개개의 소비자'와 '개개의 사업자'의 관계를 사업자의 관점에서 보기로 한다.

1. 기업 측면에서 본 소비자 대응

'사업자의 소비자 대응이란 무엇인가'를 생각할 때 자칫하면 소비자로부터의 상담 대응이나 불만 대응 창구의 정비, 그리고 그 대응의 질에 대해서만 주목하게 되는 경향이 있다. 소비자가 의뢰하는 상담과 불만에 대해서 적절하게 대응하는 체제를 정비하여 원활히 해결하는 것은 해당 기업의 평가를 높여 고객을 창조 또는 유지한다는 의미에서 중요한 일이지만, 기업이 사업을 지속해가기 위한 조건을 생각하면 그것은 오히려 부차적 사항이며, 사업자가 사업을 지속적으로 확대해가기 위해서는 경합하는 시장 속에서 회사가 제공하는 상품과 서비스가 소비자에게 선택되는 것이 가장 중요한 일이다.

그러면 소비자는 어떠한 기준으로 상품을 선택하는 것일까?

시장에 있는 수많은 종류의 제품과 서비스 가운데서 소비자가 어떠한 판단 기준으로 상품을 선정하는가에 대해서 간단명료하게 설명할 수 있는 일반적인 해법은 확립되어 있지 않다. 시장에서의 과거 성공 사례, 실패 사례를 분석하여 마케팅 이론으로 체계화한 연구는 계속되고 있지만 아직까지도 반드시 성공하는 마케팅 수법이란 것은 확립되어 있지 않다.

이러한 환경 가운데 사업자는 어떻게 소비자에게 선택될 상품과 서비스를 창출해낼 것인가에 대해 고심하고 있지만, 최근에는 고객만족 CS의 관점에서 기업활동을 되돌아보고 개선해가는 것의 중요성에 대하여 업종과 지역과는 관계없이 보편적으로 받아들여져 기업활동의 근간으로서 추진되고 있는 추세다.

고객만족CS; Customer Satisfaction은 접객 장면에서의 소비자의 만족 정도라든지 어떤 불만사항에 대한 기업 대응에 관한 소비자의 만족 정도라고 하는 협의로 사용되는 경우도 있지만, 최근에는 「상품개발에서부터 선전, 판매, 사용 중 그리고 폐기할 때까지의 모든 단계에 있어서의 소비자와 상품의 관계에 대해서 고객의 만족을 최대화하는 활동」으로 이해되고 있다.

그렇다면 상품개발에서 폐기까지의 각 단계에 있어서의 고객만족을 위한 사업자의 대책을 살펴보기로 하자.

① 상품 기획개발 단계

사업자가 새로운 제품을 계획할 경우에는 상품에 어떠한 기능을 부여할 것인가, 모양과 색상·디자인은 어떻게 할 것인가, 품질과 내구성은 어느 정도로 할 것인가 등의 사양을 하나하나 검토하여 결정해간다.

그리고 신상품의 그러한 사양이 전체적으로 균형이 잡혀 있는가, 상정한 가격으로 소비자들이 구입해줄 것인가 하는 최종판단을 실시하여 시장에 내놓는 것이 일반적이다. 요컨대 소비자가 그 상품을 갖고 싶다고 느끼는 매력을 갖추고 있느냐 없느냐 하는 것이 중요한 판단 기준이 된다.

그러나 최근에 와서는 그것에 더해 고객만족의 관점에서의 판단도 중요하게 되었다. 구입을 결정하는 단계에서 소비자가 그 상품을 갖고 싶다고 느끼는 것과 아울러 구매 후의 단계에서도 소비자가 그 상품에 만족하는 것이 중요해졌다는 것이다. 예를 들어 구입한 제품이 도구나 기구라면 사용이 편하고 잘 부서지지 않으며 사용하여 즐거웠는가 등의 평가이고, 식품이라면 상상한 대로 맛이 있는지, 모양이 예쁜지에 대한 평가이다. 소비자는 제품을 구입하는 시점에서 어느 수준의 만족감을 기대한다. 구입하여 실제로 사용하거나 먹어본 후의 만족감이 기대했던 것과 같으면 그 제품을 구입한 것에 대해 만족하고, 다음에도 같은 것 또는 같은 브랜드의 제품을 사려고 하는 의식과 연결된다. 역으로 구입 전에 기대했던 만족을 크게 밑도는 만족도밖에 얻지 못했을 경우에는 다음에는 구입하고 싶지 않다는 의식에 연결되는 것이다.

② 판매 촉진과 상품 설명 단계

어떠한 광고를 전개할 것인가, 카탈로그와 팸플릿 선전물의 디자인을 어떻게 할 것인가, 어떠한 판촉 활동을 전개할 것인가 등도 소비자에게 상품의 매력을 좋게 하기 위한 중요한 사항이다. 왜냐하면 매력을 어필하지 못하면 소비자의 구매의욕이 솟아나지 않기 때문이다. 소비자에게 대면판매하는 상품에서는 점포에서의 상품 설명과 접객 태도, 전시 분위기 등도 매우 중요하다.

이 단계에서도 고객관점은 중요성을 증대시켜준다. 그 상품의 성능과 기능에 대해서는 객관적인 평가에 의한 측정 결과에 의거하여 어필

해야 하고, 또한 그 상품의 사용에 적합하지 않은 조건예를 들면, '뜨거운 물을 넣어서는 안 됨', '유아의 손이 닿지 않는 곳에', '다른 상품과 섞어서는 안 됨' 등이 있으면 소비자가 구입하기 전에 게시해야만 한다. 반대로, 우량 오인을 불러일으키는 것과 같은 표현과 단점 표시에 소극적인 사업자의 자세는 결과적으로 상품 구입 후의 커다란 불만족으로 이어지기 쉽고, 그 브랜드를 다시 구입하고 싶지 않다는 의식에 연결되기 쉽다.

③ 사용 중과 제품의 폐기 단계

제품을 사용할 때의 중요한 관점으로는 앞서 얘기한 대로 사용이 편하고, 잘 부서지지 않으며, 사용하여 즐겁다고 하는 것 외에 사용 시 발생하는 비용의 문제가 있다. 이것은 제품을 사용하기 위해 필요한 전기 · 수도 · 가스 · 석유 · 휘발유 등의 비용으로, 구체적으로는 주택의 단열성능이나 가전제품 또는 자동차 등의 에너지 효율 성능 등에 기인하는 것이다.

근래 들어서는 러닝 코스트Running Cost에 대해서 단순히 경제적 관점에서 평가하는 데 그치지 않고 가능한 한 환경문제에 기여하고 싶다고 생각하는 소비자가 서서히 확대되고 있다. 즉 소비자의 상품 선택에 있어서의 가치판단이 경제성뿐만 아니라 환경보호의 측면에도 미치고 있기 때문에, 환경 배려형 제품에 의한 고객만족이 중요해진 것이다.

제품의 폐기 단계에서의 환경에 미치는 영향도 주목되고 있다. 재활용품 사용은 종이 펄프 자원, 용기 포장재료, 가전제품류, 자동차 등에서 추진되기 시작하여 앞으로는 대상 범위가 더욱 확대되어갈 것이다. 제품으로 사용되는 재료를 가능한 한 재활용하는 기술개발과 그 비용을 낮추고 억제하기 위한 기술 개량이 과제이기 때문에 사업자에 의해 연구가 진행되고 있다. 한편 소비자의 구매 행동도 재생지 제품과 리필 제품 선택 등 환경적인 배려가 높아지고 가전제품 및 자동차 재활용 제도에 대한 이해도 확대되어 광의의 고객만족으로서 정착되고 있다.

④ 서비스에 있어서의 고객만족

앞에서 기술한 ①~③항까지는 주로 유형의 상품에 대해 고객만족의 관점에서 살펴보았지만 무형의 상품, 즉 서비스에서도 마찬가지이다. 예를 들어 테마파크의 경우 재미있었기 때문에 또 가고 싶다, 혹은 이제 두 번 다시는 가고 싶지 않다는 의식은 테마파크에 들어가기 전에 가지고 있던 기대와 현실의 평가의 차이에서 오는 만족감 또는 불만족감에 의해 결정되는 것이다. 기타 항공사의 선택, 소매점과 백화점에 관한 호감이나 비호감, 세탁소의 선정 등도 소비자의 다양한 관점에서 본 만족, 불만족의 평가에 따라 선택이 이루어지고 있다고 말할 수 있다.

사업자의 소비자 대응 활동

1. 소비자로부터 제기되는 상담과 고충에 대한 대응

1968년에 제정된 소비자보호기본법 제15조에 「사업자는 소비자 사이에서 일어나는 거래에 관해 발생한 고충을 적절하고 신속하게 처리하기 위해 필요한 체제의 정비에 노력하지 않으면 안 된다.」라고 규정되었다. 이 법률의 제정을 계기로 사업자는 소비자로부터의 상담이나 고충에 대응하기 위한 전문 부서를 설치하게 되었다.

이러한 것들의 조직 명칭은 사업자에 의해 '소비자부', '고객 상담실', '소비자센터' 등 여러 가지로 불리지만, 모두 전문적인 대응자를 배치하여 전화·서신·팩스·인터넷 등 다양한 매체를 이용한 상담·질문·고충 등에 대해 정중하고 공평하고 신속한 대응에 노력하고 있다.

앞에 기술한 소비자보호기본법은 2004년에 개정되어 소비자기본법이 되었다. 개정된 새로운 법률에서도 제5조 4항에 「소비자와의 사이에서 발생한 고충을 적절하고도 신속하게 처리하기 위하여 필요한 체제의 정비 등에 노력하고, 해당 고충을 적절하게 처리할 것」이라고 규정되어 있다.

한편 국제 규격 분야에서는 사업자가 소비자 고충에 대하여 대응하는 것에 관한 가이드라인 규격으로서 2004년에 ISO 10002 규격이 제정되었다. 이 규격에서는 사업자 대표의 위임 하에 사업자에게 의뢰되는 소비자로부터의 고충 사항을 공평하게 신속하게 대응하는 시스템을 구축하여 그 프로세스에 의해 고충 대응을 추진하는 것이 중요하다고 규정되어 있다.

2. 소비자로부터 받아들인 정보에 의한 상품 개선의 중요성

사업자에게 제기되는 상담과 질문에는 각각 따로 회답해야 하고, 또한 제기된 불만에 대해서는 사실조사를 거쳐 원인을 규명하여 문제를 해결함으로써 신청받은 개개의 소비자에 대한 대응은 완료된다. 그러나 사업자로서는 이것으로 문제가 해결된 것이 아니다. 왜냐하면 소비자로부터의 상담과 질문 또는 고충이 제기된 제품은 통상 한 개만 판매한 것이 아니라 공장에서 대량생산되어 현재에도 장래에도 생산을 지속할 예정인 제품이기 때문이다. 다시 말해 그대로 방치해두면 그것을 구입하여 사용하는 다른 소비자들로부터도 동일한 형태의 상담과 질문 또는 불만이 제기될 가능성이 있다는 것이다.

제기된 상담과 질문을 분석하면 상품의 설명이 불충분했는가, 설명이 알기 어려웠는가, 표시의 위치와 글자의 크기에 문제가 있는가 등의 원인이 확실해진다. 원인을 알면 보다 상세한 설명을 한다든지, 쉬운 설명문으로 고친다든지, 표시 위치나 문자 크기를 연구한다든지 하는 등으로 구체적인 대책을 강구할 수 있다.

이러한 대책의 실시가 빠르면 빠를수록 추후 제기되는 동종의 상담이나 질문을 감소시킬 수 있다. 고충에 대해서도 원인을 명확히하고 신속하게 상품개선을 실시하면 이후의 같은 케이스는 사라질 것이다.

사업자가 소비자로부터 제기되는 이러한 정보를 상품 개선에 반영하면 고객인 소비자로부터는 소비자의 목소리를 적극적으로 사업활동에 반영하여 도움을 주는 사업자로 평가된다.

한편 소비자로부터의 정보활동에 소극적인 기업에서는 상품의 개선이 좀처럼 진행되지 못하여 결과적으로는 소비자가 이런 상품을 선택하지 않게 되고, 브랜드의 이미지는 저하되고 말 것이다.

3. 소비자를 위한 정보 발신(소비자 교육 · 계발 자료)

많은 기업의 소비자 대응 부문에서 최근 적극적으로 추진하고 있는 활동으로서 「일상생활에 도움을 주는 정보의 일반 소비자를 위한 발신」이 있다. 이는 기업의 소비자 대응 부문 담당자가 상담을 의뢰해온 소비자와 대화하며 상담과 질문의 배경을 묻는 과정으로, 기업 측으로서는 소비자들이 알아주었으면 하는 지식과 정보가 소비자에게 도달되지 않고 있는 현실을 아는 것에서부터 시작된다. 자사의 제품과 서비스를 바르게, 유용하게, 안전하게, 쾌적하게 사용하게 하거나 혹은 먹을 수 있도록 하기 위하여 유효한 지식과 정보를 알기 쉽게 소비자에게 전하고 싶다고 생각하는 것이 그 출발점이다.

정보의 내용은 매일 매일의 식탁 메뉴의 레시피, 조리에 관한 힌트, 청소와 세탁에 관한 힌트, 육아에 관한 정보, 자원 절약이나 환경 부담의 절감을 위한 힌트 등 소비생활에 관계되는 각종 정보이다. 정보를 소비자에게 전달하기 위한 매체는, 활동이 시작된 1970년대에는 팸플릿이나 책자와 같은 인쇄물이 주류였지만, 그후 비디오 테이프나 CD에 의한 정보 발신이 시작되어, 최근에는 커다란 정보량을 신속하게 제공할 수 있는 홈페이지에 게재하는 방법도 병용되고 있다.

당초에는 실제로 상담과 질문을 의뢰한 고객 이외의 소비자에게 어떠한 방식으로 같은 정보를 공유하게 할 것인가가 기업 측의 과제였다. 그러나 지금은 소비자가 언제 어디서라도 알고 싶을 때 게재 사이트에 접속만 하면 정보를 얻을 수 있고, 사업자 측에서는 게재하는 정보 내용의 갱신과 수정이 용이하고 비용 부담이 적어 인터넷에 의한 정보 발신이 좋은 평가를 얻고 있다. 그러나 인터넷 환경에 익숙하지 못한 소비자도 아직 많아, 당분간은 종래의 매체와 인터넷 매체의 병용이 계속될 것이다.

4. 소비자 교육 · 계발 자료를 평가하는 방법

사업자의 이러한 활동에 의해 제작되어 배포되는 정보 중 양질의 정보 자료는 「소비자 교육 · 계발 자료」로 받아들여 학교 교육 등을 촉진할 목적으로 평가, 표창하는 제도가 시작되고 있다. 이는 재단법인 소비자교육지원센터가 실시하고 있는 것으로, 우수한 자료는 실제 교육 현장에까지 소개되기 때문에 사업자에게 있어서도 귀중한 제도라 할 수 있다.

소비자 대응 부문의 CSR 활동에의 참여

기업의 소비자 대응 부문이 자기업의 기업의 사회적 책임CSR 활동에 관여하는 부분의 중요성이 인식되기 시작하고 있다. 실제로 소비자 대응부문이 기업의 사회적 책임 활동에 관여하는 기업도 나오고 있다. 여기서는 기업의 사회적 책임 활동의 배경과 의미에 대해서 알아보기로 한다.

1. 고전적인 사업자의 사명

과거의 사업자의 사명이라 하면 소비자에게 도움을 주는 상품을 제공하고, 이익을 창출하며, 고용을 유지하는 것으로 생각되었다. 근래에 와서는 주주에게 주는 배당, 납세 등이 첨가되고 안전에 대한 노력 의무, 환경 부담의 절감 등도 사업자의 사명으로 여겨지게 되었다. 다른 관점이지만, 사회로부터 얻은 이익의 일부를 사회에 환원한다는 관점에서 기업의 문화·예술에 대한 후원과 지원, 기업의 사회공헌 활동에 대해서 크게 주목을 한 적도 있었다.

2. 기업윤리의 확립

최근 국내외를 불문하고 기업윤리와 연관된 불상사가 폭로되며 해당 기업의 가치를 일순간에 하락시키는 예가 빈발하고 있다. 일본에서도 90년대 후반부터 일류 기업으로 오랜 시간 동안 사회로부터 좋은 평을 받아온 기업이 하루아침에 브랜드 가치를 실추시킨 사례가 여럿 발생했다. 그 대부분은 법률 위반이라는 사실을 알면서도 눈앞의 이익을 위하여 부정행위를 자행했던 사례들이다.

기업이 불상사를 일으켜 자사의 사회적 평가를 저하시키는 것은 그 기업만의 문제에 그치는 것이 아니라 사회에 대해서도 커다란 문제가 된다. 특히 선의의 피해자에게는 갑자기 너무나 큰 손실을 입히게 된다. 해당 기업의 상품은 팔리지 않게 되고, 유통은 혼란에 빠지며, 납품업자는 거래가 지연되고, 주가는 떨어져서 기업이 소재하는 지역사회에도 영향을 끼치고 시장경제를 혼란에 빠뜨린다. 기업이 자사의 불상사를 방지하기 위해서는 기업의 최고경영자의 지시에 의해 종업원뿐만 아니라 거래처도 포함하여 윤리 및 법령을 준수하는 것에 대한 중요성을 철저히 주지시키고, 조직을 통제하는 시스템을 구축할 필요가 있다.

3. 자주적 행동기준의 공개

위에서 얘기한 기업윤리와 법령 준수의 철저한 시행은 기업으로서 당연히 지키지 않으면 안 될, 소위 최소한의 사회 법규이다. 그러나 최근에 와서는 법률과 업계 기준을 넘어 기업이 독자적으로 행동기준을 정하고 그것을 사내와 사회에 공표하는 기업이 많아지고 있다. 자사가 사회의 일원으로서 시장에 존재하는 의의는 무엇인가, 사회에 대해 무엇을 가지고 공헌하려 하는가, 그것을 달성하기 위해 어떠한 행동기준을 정하여 추진하고 있는가 등을 책자로 발간하기도 하고, 홈페이지에 게재하기도 한다. 또한 자주적 행동기준을 책정함에 있어 소비자와 학자의 의견을 듣기도 하고 참여를 요구하는 기업이 늘고 있다.

4. 기업의 사회적 책임 활동

기업의 사회적 책임 활동은 앞에서 언급한 항목 전체를 포함하는 개념으로서 받아들여질 수 있다. 즉 기업으로서 도움을 주는 상품을 제공하고, 이익을 창출하며, 고용을 유지하면서 주주에게 배당을 하고, 납세를 하며, 그 상품과 사업상의 안전 향상에 노력하고, 환경 부담의 절감을 위해 노력하며, 기업윤리와 법령 준수를 철저히 실행하여 사회에 공헌하고, 소비자·시민·지역 그리고 사회를 이롭게 하도록 균형을 취하면서 추진해나가는 것이다.

따라서 기업으로서의 기업의 사회적 책임 활동 전체의 책임자는 기업의 최고경영자이어야 한다. 그러나 기업이 사회적 책임 활동을 추진하는 가운데 가장 중요한 이해관계자인 소비자와 시민의 기대와 요구 사항을 숙지하고 있는 것은 기업의 소비자 대응 부문이다. 이런 의미에서 소비자 대응 부문이 회사의 CSR 활동 계획 입안과 추진에 적극적으로 참여하는 기업이 많아지고 있다.

소비자가 사업자를 선택하는 시대

소비경제사회라고 하는 것은 많은 선수들이 경기를 하고 있는 운동장에 비유될 수 있다.

운동장에서 사업자는 선수 중의 한 명이다. 사업자가 시장이라는 운동장에서 선수로서 인식되고, 신뢰되어, 사업활동을 계속해나가기 위해서는 매력 있는 상품을 지속적으로 만들어 경쟁에서 이기는 것이 대전제가 되겠지만, 그 외에도 많은 중요한 과제가 있다. 그것은 지금까지 우리가 살펴본 '고객만족의 관점', 그리고 '기업의 소비자 대응활동의 실태'에서 언급한 상담과 불만에 대한 대응, 상품 개선을 위한 정보 환원, 소비자를 위한 정보 제공, 준법 경영, 기업윤리의 확립, 그리고 기업의 사회적 책임 활동 등이다. 경합하는 많은 사업자가 하나의 그라운드 위에서 경쟁하는 것이기 때문에 사업자는 룰을 지켜야 하고 부정한 행위를 하지 않고 플레이하는 것이 매우 중요한 일이다.

사업자의 플레이를 판단하는 심판은 행정과 소비자이다. 사업자의 법적 행위를 감독하는 것은 행정이 담당하고 있지만 룰을 위반하는 사업자를 시장에서 퇴장시키는 역할은 소비자가 맡고 있다. 소비자가 악질적인 사업자를 선택에서 제외하는 행위는 건전한 시장을 육성하기 위하여 없어서는 안 되는 일이다.

그러므로 소비자도 건전한 시장을 육성하는 선수라고 말할 수 있다. 사업자의 사업 자세에 관한 평가를 상품 선택을 위한 기준의 하나로서 받아들여 진지하게 노력하는 사업자를 높이 평가하는 것이 21세기형의 소비경제사회 구축을 위해 필수적이라 할 수 있다.

part 10

소비자 단체와 경제사회

이 장에서는 산업의 발전과 함께 생겨난 소비자 문제에 대응하여 탄생된 소비자 운동과 그것을 담당해온 소비자 단체가 어떻게 활동을 발전시켜왔는가, 지금은 어떻게 전개하고 있는가, 과제는 무엇인가에 대해 국내외의 상황을 검토해보기로 한다.

소비자 문제의 발생과 소비자 단체의 탄생

현대 일본 경제에 차지하는 개인소비의 비율은 60%를 넘고 있다. 즉 소비자가 국가경제를 좌우하고 있는 것이다. 정부와 경제계에서 개인소비가 늘었다거나 떨어졌다고 걱정하는 이유가 여기에 있다. 그렇지만 당연히 강한 영향력을 지녀야 할 소비자임에도 불구하고 경제사회 가운데서 그 힘은 그리 세지 못하다.

1962년 제35대 미국 대통령 존 F.케네디는 「소비자 이익 보장에 관한 특별교서」에서 「언어의 정의에서부터 이야기한다면, 우리 모두가 소비자이다. 경제기구 가운데서도 하나의 커다란 집단을 이루고 있는 것이 소비자이지만, 공공사업이든 사기업이든 관계없이 크게 영향을 주기도 하고 받기도 하는 것이다. 경제계에 있어서의 전 소비의 2/3는 일반 소비자에 의해 행해지고 있다. 이처럼 일반 소비자는 경제계에 있어서의 유일하게 중요한 단체를 이루고 있음에도 불구하고, 조직화되어 있지 못하기 때문에 그 힘을 발휘하기는커녕 그 의견도 때로는 무시되고 있다.」라고 기술하였다. 이는 오늘날 일본의 소비자가 처해 있는 상황과 조금도 다를 바가 없다. 소비자의 주체는 개개인이기 때문에 집단의 성향을 보이기 힘들다. 그 누구도 소비자이기 때문에 오히려 피해관계자로서 특별한 집단으로 조직화되기가 어려울지도 모른다. 경제에 강력한 영향력을 행사하는 소비자 단체는 세계적으로 많지 않다.

소비자 문제는 경제사회의 발달, 산업발전과 함께 확대되고 있다. 시장경제는 기업의 이익추구와 기업 간의 경쟁으로 발전한다. 소비자 문제는 어느 한 기업의 우발적인 부정이나 악질적인 사업자에 의해 가끔 일어나는 일이 아니다. 경제사회 발전의 나쁜 여파로 결과적으로 소비자 문제를 낳는 상황을 만들어내고 만다. 따라서 문제는 개개인의 것이 아니라 모든 소비자에게 공통되는 것이다. 일본에서는 과거에 문제가 되었던 일이 이제 겨우 시장경제에 들어선 발전도상국에서는 현재의 소비자 문제가 되기도 한다. 경제사회의 메커니즘이 개선되지 않으면 유사한 소비자 문제가 반복해서 발생하게 되는 것이다. 산업의 진전과 함께 어떠한 소비자 문제가 발생하여, 소비자 운동과 소비자 단체가 어떻게 대응해왔는지를 해외의 경우를 포함해 검증해보기로 한다.

1. 소비자 단체의 태동

산업혁명 후의 영국에서는 방적공장을 중심으로 공장 노동자가 열악한 환경 속에서 장시간 노동을 강요받았다. 노동조건이 나쁜 것뿐 아니라 조악한 상품을 고가로 판매하는 악덕 상인이 판을 치는 까닭에 노동자가 살아가는 데 필요한 최소한의 식료품과 의류조차도 적절히 제공되지 못했다. 1844년, 맨체스터 교외의 로치데일이라고 하는 작은 마을에 로버트 오언Robert Owen과 윌리엄 킹William King이라는 사상가들이 협동조합을 설립하여 가혹한 환경의 가난한 노동자들을 구원하려 하였다. 어떠한 조합도 실패하여 오래 지속되지 못하였으나 이 로치데일공정개척자조합은 현금 판매로 양질의 상품을 싸게 파는 것을 원칙으로 하여 성공하였다. 로치데일의 유명한 운영 원칙은 그후의 협동조합에 커다란 영향을 주어 세계 협동조합의 시조가 되었다. 생활협동조합은 상품 판매를 하기 때문에 소비자 단체와 다른 점도 있지만, 소비자 운동의 시작을 이 로치데일공정개척자조합으로 보는 사람들이 많다. 그것은 이 조합을 시작으로 상품의 품질, 가격, 계량의 공정성을 요구하며 소비자 스스로 조직하여 활동하게 되었기 때문이다. 그후의 소비자 운동은 바로 상품의 품질, 가격, 계량에 관한 문제가 주가 되었다. 소비자 단체는 소비자 운동이 있음으로 해서 존재한다. 그러한 의미에서도 로치데일공정개척자조합을 두고 소비자 단체의 탄생이라고 평가할 수 있겠다.

2. 소비자 문제란

　　　　　가족이 밭에서 지은 작물과 바다에서 잡은 물고기와 산에서 잡은 동물을 먹기도 하고, 실을 뽑아서 의복을 만들어 입는 것과 같은 자급자족의 생활에서는 소비자 문제가 발생하지 않는다. 작물이 나오지 않아도, 양이 부족해도, 짠 옷감에 얼룩이 있어도 가족이 만든 것에서는 문제가 되지 않는다. 또한 해변의 주인과 산의 주인이 자기 자신들이 지은 산물을 교환하는 물물교환에서도 소비자 문제는 성립되지 않는다. 전쟁에 의한 식량 부족이나 아프리카 등에서 일어나고 있는 기아 문제도 소비자 문제가 아니라 생존의 문제이고 정치의 문제라고 말할 수 있다. 소비자 문제는 농업과 어업 등 제1차 산업 중심의 사회에서는 일어나지 않고, 공업화가 진행되고 산업화가 진전되어가는 과정에서 생기는 것이다. 사회문제로서 소비자 문제가 부각된 것은 대량생산, 대량소비의 시대에 들어오면서부터이다.

　　두부를 먹기 위해서는 가까운 두부집에 냄비를 가지고 사러 가는 것이 1970년경까지 일본에서는 당연한 일이었다. 지금도 두부를 이렇게 살 수 있는 개인영업의 두부집은 존재하고 있다. 그러나 대부분의 소비자는 슈퍼마켓 등에서 플라스틱 용기에 포장된 두부를 사게 되었다. 마을의 두부집이 손으로 만드는 양은 100~200모 정도다. 대량으로 팔기 위하여 제조 경비를 절감하려는 슈퍼마켓은 그러한 제조 방법으로 만들어서는 대응할 수가 없다. 교외의 공장에서 많은 점포에서

팔 양의 두부가 제조된다. 자동적, 기계적으로 대량생산이 이루어지고 있다. 점포에서의 판매 방법과 수송을 고려하여 플라스틱 용기에 포장하게 된다. 그때 방해가 되는 제조 공정상 발생하는 거품을 제거하기 위하여 소포제가 사용되었다. 제조 경비를 싸게 하기 위하여 수분이 많은 두부가 나온다. 거기서 소비자는 의문을 가지고 여러 가지 의문에 대한 해답을 요구하게 된다. 언제 만든 것인지 모르기 때문에 만든 날짜를 표시해주기를 요구하고현재는 상미(賞味) 기한 표시, 재료와 첨가물은 무엇이 사용되고 있는가 표시해주기를 바라며, 소포제는 사용할 필요가 없지 않은가, 플라스틱 포장용기는 안전한가 등등 한꺼번에 소비자 문제가 넘쳐나게 되었다. 두부라고 하는 매우 간단한 상품 하나를 보아도 공업화와 대량판매라고 하는 산업구조의 변화로 소비자 문제가 발생하고 마는 것이다. 더욱이 산업의 진전에 따라 포장용기의 쓰레기 처리와 환경오염이 문제가 되기도 하고, 재료인 대두가 유전자변환 대두인지 아닌지 하는 문제가 제기되기도 한다.

소비자 문제라고 하는 것은 선택의 가능성이 있는 상황의 경제사회에서 일어난다고 할 수 있다. 전술한 바와 같이 생명을 유지하기 위한 식량과 물을 확보해야 하는 등 선택의 여지가 없는 상황에서는 소비자 문제도, 소비자 운동도 일어날 수 없다. 전쟁 지역에서도 소비자 문제는 일어나지 않는다. 또한 전체주의 국가나 군국주의 국가, 계획경제로 배급제도를 실시하고 있는 국가, 독재자에게 지배되고 있는 국가 등에서도 소비자 문제는 봉쇄되고 만다. 이상과 같은 상황 하에서는 소비자 단체는 존재할 수가 없다.

1989년 11월, 베를린 장벽이 붕괴되었지만, 그 수개월 전에 유럽의 소비자 단체와 동구, 소련 각지의 소비자 그룹이 회합을 가졌다. 그 이전에는 소비자 그룹의 존재 정보 자체가 이러한 나라에 없었다. 동서의 대립이 심각해지기 이전에는 동구의 몇몇 나라에 소비자 문제를 취급하는 조직이 있었지만, 소련 지배 체제가 엄해지면서 그 모습이 사라졌었다. 또한 독재자의 지배를 받던 필리핀에도 같은 일들이 일어났었다. 지하에 숨어 반체제 활동을 하고 있었던 이전의 소비자 운동 활동가들은 마르코스 정권 붕괴가 임박했을 무렵 해외로 정보를 발신하였다. 이처럼 국가의 체제 변화와 함께 소비자 단체가 그 모습을 지우기도 하고 출현하기도 하는 예는 자주 있다.

3. 근대적 소비자 단체의 탄생

국제소비자기구설립 당시는 IOCU, 현재는 CI(Comsumers International)의 설립자이자 미국의 소비자연맹CU; Consumers Union의 초대 회장이었던 콜스턴 E. 원 박사Dr.Colston E. Warne는 「노동운동은 19세기의 발견이고, 소비자 운동은 20세기의 발명이다」라고 말했다. 영국과 미국은 19세기 중반경에는 자본이 집중되며 대량생산 쪽으로 기울었지만, 노동자의 희생을 수반하는 것이었다. 로치데일공정개척자조합이 설립

될 무렵 로치데일의 노동자 평균 연령은 21세였다고 한다.

대량생산은 과잉생산이 되고, 경제공황을 야기시켜 생활을 위협하게 되었다. 당시 경제문제는 자본가와 노동자의 부의 분배가 문제가 되고 있는 상황이어서, 생활협동조합도 노동자의 생활 방어수단으로서 자리매김하며 노동조합이 출자 운영하는 것이 많았다. 영국의 로치데일공정개척자조합이 성공한 가운데, 유럽 각지에 생활협동조합이 설립되어 발전하고 있었다. 또한 미국도 각국의 이민에 의해 협동조합의 시스템이 유입되어 활동하고 있었다.

1914년부터 1918년 사이에 유럽 각지는 제1차 세계대전의 전쟁터가 되어, 경제적 발전은 휴지 상태였다. 미국은 이 시대에 산업이 비약적으로 발달하여, 후에 월트 W. 로스토Walt W. Rostow가 '고도 대중소비 시대'라고 이름붙인 자동차와 전기제품, 주택용품 등의 내구소비재 소비 붐의 시대로 들어섰다. 그러나 곧 불황의 파도가 몰아닥쳐, 시장에는 조악품이나 모조상품, 부당한 가격의 상품이 넘쳐나 소비자를 괴롭혔다. 게다가 유독물질이 혼입된 식품과 의약품조차 판매되고 있었다고 한다.

이러한 상황 속에서 1927년, 세계 소비자 운동의 원점이 된 한 권의 책이 출판되었다. 스튜어트 체이스Stuart Chase와 프레드릭 J. 슈링크Fredric J. Schlink가 공저한 《당신의 돈의 가치Your Money's Worth》이다. 이 책은 광고·선전하고 있는 상품의 품질과 성능이 실제로 어떻게 다른가를 지적하였고, 또한 판매 공세 가운데 길을 잃은 소비자를 이상한 나라의 앨리스라 표현하였다. 그리고 과학적 상품 테스트와 품질표시에 의해 소비자가 고객으로서의 판단기준을 가질 필요성이 있다고 제언하였다. 이 책은 대단한 반향을 불러일으키며 베스트셀러가 되었다. 이 책의 인세를 기반으로 하여 체이스와 슈링크는 1928년에 소비자연구소CR; Consumer Research Inc.를 설립하여 소비자를 위한 상품 비교 테스트 활동을 개시하였다.

이로써 근대적인 소비자 단체가 창립되었다고 말할 수 있을 것이다. 후에 CR을 거친 사람들에 의해 미국소비자연맹CU; Consumer Union of U.S. Inc.이 설립되기에 이르렀다.

CU 또한 상품 테스트를 세력적으로 행하여 유명한 기관지 〈컨슈머 리포트Consumer Reports〉를 발간하였다. CU는 CR을 넘어서며 뛰어난 지도자인 콜스턴 E.원에 의해 크게 영향력을 가진 조직이 되었다. 제2차 세계대전 후 원 회장은 유럽 각국에 CU와 같은 조직을 설립하는 일에 전력하여, 1960년에 국제소비자기구현재는 CI를 창설하였다.

4. 소비자의 등장

월트 W. 로스토는 그의 저서 《경제발전의 모든 단계The Stage of Economic Growth》1960에서 소비자의 출현을 다음과 같이 기술하였다.

「20세기에는 사회가 성숙기에 도달할 때 두 가지의 일이 일어났다. 그 하나는 한 사람당 실질소득이 상승하여 많은 사람들이 기초적인 의식주를 넘어서는 소비를 자유로이 행할 수 있게 된 점이고, 또 다른 하나는 노동력 구조가 변화하여 단순히 전 인구 중에 차지하는 도시인구의 비율이 증가했을 뿐 아니라 사무 노동자와 숙련 노동자—성숙한 경제가 만들어낸 소비재를 의식하여, 그것을 획득하기를 원하는—의 비율이 증가했다고 하는 것이다.」

인구의 대부분이 1차 산업에 종사하는 것이 아니라 임금 노동자가 되어, 생활 향상을 위해 물건을 구입하고 싶어하는 사람, 구입하는 것이 가능한 사람, 다시 말해 중산층이 증가하여 처음으로 대중소비시대에 접어들었다는 것이다. 로스토는 고도 대중소비시대에 진입한 시기를 미국은 1930년대, 서유럽은 1960년대로 보고 있다. 로스토의 가설을 일본 상황에 적용해보면 표 10-1과 같다.

〈표 10-1〉 일본의 고용자 비율과 생활 향상

연도별 \ 구분	고용자 비율(%)	1인당 국민소득(엔)	전기냉장고의 생산대수
1955년	43.5	78,480	31,000대
1960년	53.4	134,460	908,000대
1965년	60.8	249,840	2,313,000대

산업발전과 소비자 문제

사업자가 악질적으로 변했기 때문에 소비자 문제가 일어나는 것이라고 제한적으로 말할 수는 없다. 산업발전과 함께 소비자와의 격차가 발생하여 문제를 낳게 된 것이다. 로스토가 지적했듯이 산업의 상황이 같아지면 어떠한 국가에서도, 시대가 달라도 동일한 문제가 생기는 것이다.

1. 공업화의 초기

1차 산업에서 2차 산업으로 이행하는 공업화의 초기에는 가내 공업이 주여서 생산량도 그리 많지 않았다. 게다가 농촌 등의 1차 산업에서 공업도시로 유입하는 노동자는 생활에 필요한 모든 물자를 구입하게 되어, 공급이 그 수요를 따라가지 못하게 된다. 로치데일의 노동자들은 노동문제로 곤궁에 처했을 뿐 아니라 물품의 부족, 조악한 제품, 가격 상승 때문에도 괴로움을 겪고 있었던 것이다. 수요에 공급이 따라가지 못하면 물자 부족이 생겨 파는 사람 위주의 시장이 되고 만다.

가격이 높아져도 소비자는 구입할 수밖에 없다. 가격은 점점 올라가고 물가도 상승한다. 더욱이 가격이 올라가기 때문에 조악한 원료를 사용하기도 하고, 3센티미터 직폭에 실을 30수 넣을 것을 20수로 줄여 10%나 모자라게 무게를 속인다. 그것은 사실상 거의 10%의 가격인상과 맞먹는 것이다. 물에 색깔을 넣어 주스나 약으로 판매하는 일도 있다. 속이기 위하여 유해물질을 사용하는 일조차 일어난다. 이러한 사건은 공업화의 초기에는 어느 나라에도 일어나는 일이다. 현재도 발전도상국에서는 이런 일이 벌어지고 있다. 일본의 경우는 제2차 세계대전 후 1945년부터 10년간이 이러한 시기에 해당한다. 이러한 상황은 국민 전체의 생활에 영향을 미친다. 생활하기 위한 최소한의 필수품에 대해 이러한 일이 일어나기 때문에 그 심각성은 대중적인 공감을 불러일으키고 항의운동으로 연결된다. 정치적으로 이미 발생되고 있었던 노동운동, 학생운동, 여성운동 등의 단체가 생활방어를 위하여 항의행동을 벌이는 것이다.

일본의 소비자 운동의 시작을 세계 2차대전 종전 직후에 일어난 불량 성냥 추방 운동으로 보는 경우가 많다. 일본은 전쟁에 의해 공장과 철도, 선박 등 생산과 물류의 수단이 철저하게 파괴되어 있었다. 생활필수품의 품질 부족, 조악품, 인플레이션으로 국민들은 고통을 겪고 있었다. 당시 불을 붙이기 위해서는 성냥이 필수품이었다. 하지만 힘들게 구한 성냥이 조악품이어서 불이 잘 켜지지 않아 사용할 수 없는 것이 많았다. 불을 붙이지 않으면 식사도 준비할 수 없다. 이런 상태에서 주부들의 분노가 모여 자연발생적으로 불량 성냥 추방 운동이 일어난 것이다. 성냥은 상징적인 것에 지나지 않았고, 다른 조악한 생활필수품 모두에 대한 항의였다.

이 운동에 의해 1948년 주부연합회가 결성되었다. 주부연합회는 소비자 문제를 전문으로 활동하는 것이 아니라 주부의 생활을 지키기 위한 활동을 전개하는 단체로서의 성격이 강했다. 여성 입지의 향상과 평화문제 등 정치활동도 활발히 이루어졌다. 다시 말해 이 시대는 소비자 문제라고 하는 인식보다는 생활방어의 문제로서 취급되었던 경향이 있다.

공업화가 진행되는 초기에는 종종 인플레이션이 일어나기도 한다. 노동의 공간이 늘어나고, 임금도 올라가지만, 그 때문에 생산비용도 올라 제품 가격이 상승한다. 물가가 임금상승을 웃도는 일도 있어, 이것은 대중운동을 하는 노동단체, 학생조직, 주부단체 등의 단골 생활방어 운동이 된다.

생산수단과 재료의 기술혁신이 진전되며 대량생산이 가능하게 되고, 신제품이 등장하기도 하지만 충분하게 검증이나 모니터링을 거치지 않은 상태로 시장에 내보내기 때문에 여러 가지 면에서 소비자 문제를 낳는 결과가 된다.

① 안전성

대량생산의 무서운 점은, 일단 결함품이 만들어지면 같은 물건이 대량으로 시장에 나와버리기 때문에 대량의 피해자가 발생하고 만다는 것이다. 일본에서는 1961년에 모리나가 비소 분유 사건이 발생하여 유아 130명이 사망하고 약 1만2,000명의 후유증 환자를 발생시켰다. 기형아가 태어난 살리도마이드 사건[1962년], 튀김기름에 다이옥신류의 일종인 PCB가 제조공정 중 혼입되어 비참한 사망자와 1만2,000명의 중증 장애자를 냈던 카네미유증 사건[1968년] 등 수많은 사람들에게 비참한 피해를 입혔다. 그 외에도 전기제품에 의한 발화·화재사고, 기계기구에 의한 사고, 결함 자동차에 의한 사고가 계속하여 발생하였다. 또한 세제나 화장품에 의한 피부병과 육아용품이나 장난감 불량에 의한 유아와 어린아이들의 사고도 일상적으로 발생하였다.

② 광고 선전 및 표시

대량생산에 의해 제품은 과잉 상태가 되고 거기에 대량소비를 촉진시키기 위해 대량선전, 대량판매에 들어가게 된다. 존 K. 갤브레이스 John K.Galbraith가 1958년에 출판한 《풍요로운 사회》에서는 「근대 기업의 전술에 있어서는 어떤 제품의 제조비보다도 그에 대한 수요를 창출하기 위한 비용 쪽이 더 중요하다.」라고 언급하고 있다. 일본에서도 민간 TV방송이 개시되면서 TV선전을 이용한 대량선전 시대에 들어가게 되었다. 소비자에게 주는 그 효과는 뚜렷하여 기술혁신으로 새롭게 탄생시킨 가전제품과 화학섬유, 플라스틱, 합성세제 등을 급속하게 소비생활에 보급시켰다. 세계에서 가장 우수한 성능이라든지, 일본에서 가장 맛있다는 등의 과장된 선전 문구, 다발로 묶은 잡지를 빨아올리는 청소기나 과즙이 한 방울도 들어 있지 않으면서도 과일이 듬뿍 들어 있는 것과 같이 보이는 광고 영상 등이 범람하였다. 수없이 쏟아져 나오는 신제품 중에는 어떤 소재가 사용되었는지, 언제 만든 것인지, 어느 정도의 양이 들어 있는지 등을 알지 못하는 제품이 많았다.

③ 가격 관리

시장경제는 기업 간의 경쟁이 촉진되어 점차 소수의 기업이 살아남아 시장을 지배하게 된다. 살아남은 기업은 획득한 시장에 신규 기업을 참여시키지 않기 위하여 여러 가지 방책을 강구한다. 도·소매 사업자를 확보하여 자사 제품을 우선적으로 판매시키기 위해 특별할인이나 리베이트, 경품 등의 서비스를 제공하면서 점차로 계열화해간다. 그리하여 시장을 소수 기업이 지배하는 독과점 상태가 된다. 독과점 상태가 되면 제조업자의 지배력이 강해져, 소매업이 싼 가격으로 팔고 싶어도 그것을 금지하며 제조 기업이 판매가격을 지시하게 된다. 또한 소수가 된 기업들끼리 담합하여 생산을 조정하기도 하고 가격을 결정하기도 하는 비밀 카르텔Cartel이 증가한다. 일본에서는 독과점법에 의해 담합이 금지되어 있음에도 불구하고 예외 카르텔을 만들기도 하고, 담합에 의한 지하 카르텔을 맺기도 하여 가격이나 서비스의 경쟁을 막아버린다. 그 결과 소비자의 선택의 폭은 좁아지고 가격은 높은 가격으로 정착되고 만다.

3. 조사와 상품 테스트 그리고 학습

이러한 상황 하에서 주부단체는 문제의식을 가지고 조사와 학습을 시작하였다. 주부연합회는 1956년 이미 일용품 실험실을 개설하여 상품의 성능 시험을 시작하고 있었다. 그리고 부정표시 주스 추방 운동을 전개하기도 하고, 플라스틱 종류의 표시와 부당한 경품 및 표시의 규제를 요구하는 운동도 전개하였다. 또한 미국 CU의 원Warne 회장 초청강연, 주부단체들의 미국 시찰 등의 영향으로

1961년에 상품 테스트 사업을 목적으로 한 '일본소비자협회'가 재단법인으로 설립되었다.

이 상품 테스트는 CU와 마찬가지로 시장에 나돌고 있는 여러 가지의 선전으로 판매되는 상품 가운데서 소비자가 필요하다고 생각하는 상품을 잘 고르도록 하는 것을 목적으로 하였다. 테스트 결과와 제조업체명은 모두 잡지 〈월간 소비자〉에 공표하였다. 과학적 테스트뿐만 아니라 소비자가 실제로 사용해보는 테스트와도 비교하여 어느 메이커가 우수한지 그 등급을 매겼다. 소비자 이상으로 제조사의 반향도 컸다. 일본소비자협회는 상품 테스트 정보 등 발신한 정보를 받아서 이용할 수 있는 소비자 만들기의 필요성을 통감하여 여러 가지 소비자 교육 사업을 개최하기도 하고, 지방 소비자협회 설립도 도모했다.

1957년에 탄생한 '다이에이'는 의약품의 셀프 서비스 점포에서 나아가 식료품을 중심으로 한 저가격, 대량판매의 슈퍼 체인점 사업을 전개하였다. '다이에이에' 이어 많은 슈퍼 체인 기업이 일본 전국에 점포를 전개해갔다. 그 결과 대량구입, 대량판매는 더욱더 박차를 가하게 되었다. 또 점포 앞에서 소비자의 관심을 끌어 구입 의욕을 자극시키기 위해 착색료를 사용하기도 하고, 장기 보존을 위한 보존료를 쓰기도 했다.

쌀, 야채, 과일 산지에서는 수확의 안정과 농업 노동 경감을 위해 많은 종류의 농약이 사용되었다. 소비자 권리는 무시되었고, 팔아먹기만 하면 된다는 풍조가 만연했다. 이때 일었던 생활학교운동은 일본

소비자 운동의 기반이 되어 일본 전국에 소비자 그룹을 탄생시켰다.

생활학교는 재단법인 신생활운동협회가 1964년부터 개설한 것으로, 국가의 보조금으로 운영되었다. 100명 정도의 소수 인원으로도 개설할 수 있어, 주부 학습 공간으로 많이 이용되었다. 생활학교에서는 전문가로부터 식품첨가물 같은 농약의 문제를 전해주었고, 주부들도 근처의 가게를 조사하여 지역적으로 활발히 문제제기를 하였다. 일시에 전국적으로 수많은 생활학교가 운영되었다. 일본 전국 각지에 얼마간의 소비자 단체가 존재하는 것은 이 생활학교의 덕분일 것이다.

컨슈머리즘
Consumerism: 소비자주의

소비자의 권리라고 하는 소비자 주체의 사고방식을 명확히 보여준 것이 바로 이 장의 서두에 언급한 1962년 미국 케네디 대통령의 「소비자 이익 보호에 관한 특별교서」이다. 이 특별교서는 미국의 소비자 운동에 커다란 영향을 끼쳤지만, 일본에서도 소비자 단체뿐 아니라 정부에도 소비자 보호의 필요성을 인식시켰다. 특히 「소비자의 4대 권리」는 알기 쉽게 널리 이용되었다. 네 가지 권리는 다음과 같은 것이었다.

❶ 안전을 요구할 권리 (The right of safety)

❷ 알 권리 (The right to be informed)

❸ 선택할 권리 (The right to choose)

❹ 의견을 청취할 권리 (The right to be heard)

1940년대부터 1950년대 중반까지의 미국은 CU와 CR과 같은 상품 테스트 정보를 발신하는 소비자 단체 외에 지역적으로 불매운동 등을 전개하는 그룹이 있었지만, 조직화된 힘을 가진 단체는 아직 없었다. 이것은 CU를 포함하여 소비자 단체가 반미활동을 전개했다고 하여 소위 반동분자 색출의 목표물 중에 하나가 되었던 영향도 있었다. 그러나 CU와 CR의 테스트 지誌는 대중소비시대를 맞아 순조롭게 매상을 늘려가면서 재정적으로 안정되어 있었다.

미국은 고도 경제성장 가운데 갤브레이스가 언급한 것처럼 판매 촉진을 위한 비용을 늘려 잡지나 영상매체를 이용하여 대량선전 시대에 들어갔다. 과대광고로 여러 가지의 소비자 피해가 속출했다. 그 때문에 1953년에 CU가 재정지원을 하여, 소비자 교육을 위한 조직으로서 소비자정보협의회CCI를 설립하여 교육용 정보지를 만들어 배포하기에 이르렀다. 이것은 1969년 재조직되어 미국소비자이익위원회ACCI가 되었다. 또한 CU는 지역적 대중 조직의 육성에도 지원하여 미국소비자연합CFA을 1968년에 설립하였다.

같은 시기에 미국뿐만 아니라 세계의 소비자 운동에 영향을 준 랠프 네이더Ralph Nader가 활동하고 있었다. 그는 《어떠한 속도에서도 자동차는 위험하다Unsafe at Any Speed》1965년를 출판하여 제너럴 모터스GM의 결함 자동차를 공격하였다. 네이더는 이어서 의약품, 식품첨가물, 담배, 술, 항공 등 여러 분야의 문제를 조사하여 위험성을 폭로하였다. 이 방법은 기업에 강한 충격을 주어, 강력하게 반발하면서도 소비자를 무시할 수 없는 존재로 인식하게 되었다.

고발형이라고 일컬어지는 네이더의 운동 방식은 당시 공업화가 시
작되고 있던 아시아의 소비자를 자극하여, 새로운 단체들이 각국에서
탄생하였다. 그리고 자국의 소비자 문제의 배경에는 정치가와 기업의
유착이 있고, 그 정치가와 기업은 다국적기업에 의한 독점적 이익과
연결되어 있다며 문제를 삼았다. 공업이 미숙하여 식료와 에너지가 부
족한 발전도상국은 정치가도 쉽게 매수되어, 다국적기업에게는 달콤
한 먹잇감이었다. 다국적기업에 의해 야기된 소비자 문제는 한 나라의
문제가 아니라 국제적인 운동을 필요로 하였다. 1970~1980년대, CI
는 다국적기업의 행동을 문제삼아 비판을 계속해가게 된다.

비판에서
정책참여로

소비자 문제 가운데는 소비자의 생명을 위협하고 삶을 파괴하는 것과 같은 심각한 것들도 있었다. 또한 상대 기업의 힘은 자본, 정보, 인재 그 어느 쪽도 소비자 단체로는 상대할 수 없는 격차가 있었다. 게다가 왕왕 정부와 행정은 산업계, 기업 편에 섰다. 필연적으로 소비자 운동은 기업 비판의 양상을 띠게 된다. 그러나 불거진 문제들을 두더지 두드리듯이 두드려봐야 근본적인 해결에는 미치지 못하였다. 소비자가 알지 못하는 곳에 결함을 숨기기도 하고, 표시를 위장하기도 한다. 기업생명과 연관된 사태를 발생시킬 우려가 있음에도 불구하고 은폐 공작은 그치지 않고 있다. 이러한 상태에서는 산업계나 행정에만 맡겨놓아서는 안 된다. 국제적으로도, 국내적으로도 소비자 단체는 정책수립의 단계에서부터 참여하려는 의지를 가지고 있어야 한다. 어떠한 대응과 규제가 좋을 것인가, 소비자 단체가 모여서 검토하고 의견을 제시하는 노력을 해야 한다.

정책수립 회의에 참가하는 빈도는 급속도로 늘어가고 있지만 소비자 문제의 범위는 더욱 부풀어오를 뿐이다. 전에는 일반 소비자가 관여되지 않았던 금융상품과 의료 문제 등도 지금은 누구나 관계하는 시대가 되었다. 인터넷이나 휴대전화를 시작으로 하여 IT 분야도 곧 소비자 문제의 중심이 될 것이다.

정책참여뿐만 아니라, 소비자의 권리행사를 강화하는 '소비자단체소송제도'도 시작되었다. 소비자의 피해 구제를 위해 소비자 단체가 대신하여 소송을 대행하는 것으로, 아직은 부당한 권유나 계약 조항을 금지하는 수준이지만 앞으로는 다른 소비자 피해에도 범위를 확대해 가지 않으면 안 된다. 실효성 있는 권리행사와 정책결정에의 참여를 위해서는 어느 정도의 전문적인 지식도 필요하다.

구미에서는 전문가를 고용할 수 있는 재정 상황이다. 그러나 일본에서는 정부 등 공적인 재정자원은 거의 없고, 기부로 활동할 수 있는 사회 환경도 아니다. 소비자 운동은 거의가 개인인 자원봉사자에게 의존하고 있다. 일본의 소비자 단체는 사회에 중요성을 어필하고 회원을 늘릴 필요가 있다. 그리고 행정과 인재의 확보가 앞으로의 커다란 과제이기도 하다.

part 11

세계화와
소비자 운동

이 장에서는 경제의 글로벌화에 대응한 소비자 운동이 어떤 활동을 전개하여, 어떤 성과를 올려왔는가, 해결할 수 없었던 것은 무엇이며, 그 이유와 현대의 국제적 소비자 운동의 과제는 무엇인지 생각해본다.

무역과
발전도상국

    기술 선진국에서 산업이 발전하는 초기 단계의 소비자 문제는 거의 자국 내의 문제여서, 자국 내에서 해결할 수 있는 것들이었다. 원료나 소재의 수출입이 늘어난 시대도 무역 자체는 소비자 문제와 직결되지 않았다.

    그러나 소비가 활발해져 소비물자의 무역이 왕성해지면 수입품에 대한 소비자 문제가 일어나게 된다. 선진국 이상으로 문제나 피해가 발생하는 것은 발전도상국이다. 발전도상국은 공업화가 진전되어 있지 않기 때문에 공업품의 상당 부분을 수입에 의존한다. 또한 식료품과 에너지에 대해서도 부족한 부분이 많기 때문에 수입을 하게 된다. 그렇지만 이러한 것들을 자국의 정치가가 권리로 삼기도 하고, 다국적 기업과 결탁하여 이윤을 탐내기도 한다. 예를 들면 마르코스 독재정권 시대에 필리핀은 마르코스 일가가 사탕수수 판매권을 주무르고, 다국적기업으로부터 다액의 리베이트를 받기도 하여 설탕 가격이 올라가고 휘발유 값도 폭등했다.

다국적기업은 발전도상국에 여러 가지의 소비자 문제를 야기시켰다. 다국적기업이 일으킨 발전도상국에서의 소비자 문제와 그것에 대한 국제적인 소비자 운동의 전형적인 예로 유아용 분유 문제가 있었다. 유아용 분유를 먹였더니 영양실조에 걸렸다든지, 전염병에 걸렸다든지 하는 발전도상국으로부터의 호소가 있었을 때 선진국의 소비자들은 왜 그런 일이 일어나는지를 이해할 수가 없었다. 그 분유가 유아의 건강에 매우 좋다고 해도 발전도상국에서는 비싸기 때문에 극히 적은 양의 분유를 물에 엷게 타서 먹였고 또한 분유를 녹이는 물이 비위생적인 경우가 많아 유아가 갑자기 전염병에 걸리고 마는 결과를 낳았던 것이다. 분유가 모유보다 뛰어나다고 하는 식의 광고피해를 낳게 되었던 것이다. 그 배경에는 위생 교육과 육아 교육이 제대로 되어 있지 않고 취급 설명문도 영어로 쓰여 있어 읽을 수가 없는 모국어로 쓰여 있어도 글자를 모르는 사람이 많아 읽을 수 없음 사정이 있었다. 이러한 사태를 주시한 국제소비자기구당시는 International Organization of Consumer Union, 현재는 개칭하여 Consumers International(CI)는 국제유아식품행동네트워크IBFAN를 창설하여 국제적 캠페인을 전개하였다. 그 결과 1981년에 WHO 총회에서 「모유 대체품의 마케팅에 관한 국제기준」을 채택하였다. 이 기준에서는 분유의 사용을 이상화하는 유아의 그림이나 문구를 표시하지 말 것과 할인판매, 샘플 배포와 같은 판촉행위를 금지하고 있다.

  '덤핑' 문제도 국제소비자기구가 각국에 경고하고, 소비자 단체에서 캠페인 활동을 촉구했다. 여기서 말하는 덤핑이란 할인판매가 아니고 쓰레기로서 휙 버린다는 의미의 말이다. 선진국에서 위험성이 있다고 하는 농약과 같은 화학제품과 결함이 있는 전자제품 등을 발전도상국으로 마치 쓰레기장에 버리듯이 수출하는 것을 문제 삼은 것이다. 물품이 부족한 발전도상국에서는 다소의 유해를 무시하고 수입하고 있었다. 피해를 입은 소비자는 그 원인을 알지도 못하고 설명도 받을 수 없었다. 1981년에 국제소비자기구는 이 분야에 대해서도 '국제감시행동네트워크'를 창설하여 각국의 소비자 단체 등이 새롭게 발견한 위험요소에 대해 정보교환을 하고, 발전도상국의 소비자 단체 가 유해물자의 수입을 저지할 수 있도록 지원하는 활동을 해왔다. CI는 현재도 '중고품'의 무역이 발전도상국의 소비자들에게 피해를 주고 있다고 호소하며 국제표준화기구ISO의 소비자정책위원회에 기준 제정을 요구하고 있다.

  CI는 다국적기업의 활동이 소비자나 노동자, 환경을 고려하지 않는다고 오랜 기간 동안 주장해왔다. 소비자 보호 가이드라인 제정운동과 병행하여 CI는 유엔에 '다국적기업의 행동규범' 제정을 요구하고 있다. 유엔 경제사회이사회ECOSOCO는 1974년에 다국적기업센터를 설치하여 다국적기업위원회를 편성하였으나, 규약의 초안이 공표된 것은 1985년이었다.

  그러나 미국, 일본을 비롯한 선진국의 반대가 강해 다국적기업센터는 1992년에 사실상 해산되어, 이 초안도 모습을 감추어버리고 말았다. 그러나 1999년 1월 다보스에서 개최된 세계경제포럼에서 유엔 아난 사무총장은 인권, 노동, 환경에 관한 기본 원칙 '글로벌 콤팩트 Global Compact'를 발표하고, 기업의 참여를 호소하였다. 이 제안은 많은 분야에서 환영을 받아 참가하는 기업도 늘어나고 있다. 글로벌 콤팩트에는 직접 소비자는 포함되어 있지 않지만 OECD나 EU, 미국 등에서 '기업의 사회적 책임'의 사고방식으로서 발전하고 있어, 이에 대한 이해관계자로서 소비자가 차지하는 위치도 높아질 것이다.

유엔 소비자보호 가이드라인 제정을 위한 소비자 운동

국제연합United Nations; UN은 1985년에 열린 총회에서 '유엔 소비자 보호 가이드라인Guidelines for Consumer Protection'을 채택하였다. 국제소비자기구CI는 이 가이드라인 채택을 위해 10년에 걸쳐서 로비활동을 계속해 왔다. 상품과 서비스의 유통이 국경을 넘는 시대가 되었다. 선진국에서 결함이 발견되기도 하고, 유해하여 판매가 금지되어 있는 상품과 성능이 매우 떨어지는 것들도 발전도상국에 강매하기도 한다. 반대로 발전도상국으로부터는 비위생적인 상태의 식품과 품질관리가 좋지 않은 제품이 선진국으로 수출된다. 일부의 국가에서 소비자 보호가 성과를 올린다 해도 세계의 소비자는 구제받지 못한다. 이와 같은 생각을 바탕으로 국제소비자기구는 1975년의 시드니 세계대회에서 다음과 같은 결의를 단행하였다.

❶유엔 가맹국의 소비자 보호에 관한 조사보고서를 유엔 사무총장은 준비하여 발행하도록 할 것

❷유엔 경제사회이사회ECOSOCO가 소비자 보호의 모델 규약을 작성하기 위한 전문가 그룹을 임명할 것

❸유엔총회는 가맹국에 이러한 모델 규약을 채택하도록 제안하는 것을 검토할 것

CI는 유엔 조직 가운데 노동자 보호를 위한 ILO국제노동기구와 같은 소비자 보호를 위한 조직을 설치하여 세계적인 소비자 운동의 최전선으로 삼으려 하였다. 그 조직에서는 의약품 관계의 법률, 부정과 오해를 부르는 광고의 규제, 관세장벽과 소매업 참여 규제의 철폐, 특허·저작권·상표규격에 대한 참가 등을 국제적으로 추진시킨다는 것이었다. 또한 소비자 교육과 생활수준의 향상과 관련된 문제도 여기서 취급한다는 구상이었다. 불행히도 이 구상은 아직 유엔에서는 실현되지 못하고 있다.

CI는 시드니 세계대회 결의를 얻어 ECOSOCO에 세계 수준에서의 소비자 보호의 조사를 요구하였다. CI는 그후 1977년에 유엔에 정식으로 NGO로서 인정을 받아 등급도 카테고리-Ⅰ이라고 하는 최고의 위치를 차지하게 되었다. 이로 인하여 유엔에서의 발신력이 증가되어 로비활동을 쉽게 추진할 수 있게 되었다. 또한 CI는 존슨 대통령의 소비자 문제 대통령 부속 특별 보좌관이었던 이스터 피터슨Easter Peterson

여사를 유엔의 소비자 정책 로비스트로 임명하였다. 피터슨 여사는 여러 가지 시민운동의 리더로서 활약하였고, 케네디 대통령 시절에는 노동차관이었다. 그녀의 활동 이력은 미국 정부와 유엔에 커다란 영향력을 가지고 있어, CI의 정책을 추진해가는 데 효과가 있었다. 그렇지만 미국 산업계의 반대가 거세, CI와 미국 소비자 단체는 유엔과 미국 정부에 대하여 10년간에 걸쳐 강력한 공작을 계속하지 않으면 안 되었다. 일본도 이 가이드라인 안에 찬성하고 있지 않았기 때문에 일본 국내의 소비자 단체는 관계 기관과 정부에 대해 찬성 투표를 하도록 공작하였다. 그러나 가이드라인의 내용에서 많은 양보를 할 수밖에 없었다. 가장 큰 타협점은 다국적기업에 관한 조항으로, 이것은 삭제되고 말았다. 그 결과, 미국과 일본이 반대에서 보류로 돌아섬으로써 가까스로 이 안은 채택되기에 이르렀다.

유엔 소비자 보호 가이드라인은 그 목적의 전문前文에서 다음과 같이 기술하고 있다.

「모든 국가, 특히 발전도상국의 소비자의 이익과 필요를 고려하여, 소비자가 자주 직면하고 있는 경제적인 조건 · 교육수준 · 교섭력에 있어서의 불균형을 인식하고, 또한 소비자가 위험이 없는 제품에 접근할 권리는 물론 공정 공평하게 지지할 수 있는 경제 및 사회의 발전을 촉진할 권리를 가져야만 한다는 것에 유의하며…….(이하생략)」

이 목적을 달성할 것이 각국에 요구되었던 것이다.

그후 이 가이드라인은 발전도상국의 소비자 보호 정책에 영향을 주게 되었다. 브라질의 리오데자네이로에서 1992년 6월 '유엔·환경과 개발 회의'가 개최되어 지속 가능한 발전에 관한 행동계획 AGENDA21을 비롯한 여러 가지 선언이 채택되었다. 이것을 받아들여 ECOSOCO는 유엔 소비자 보호 가이드라인의 개정의 필요성을 유엔 사무총장에게 요구하였다. 이에 CI를 비롯하여 많은 NGO가 참석하는 '소비자 보호와 지속 가능한 소비에 관한 광범위한 전문가 회의'를 개최하여 개정안을 검토하였다. 1999년 12월, 유엔총회에서 개정안이 채택되었다. 개정 부분은 광범위하다.

지속 가능한 소비를 촉진하는 정보 제공과 소비자 교육을 촉진하기 위한 조항이 추가되었고 농업정책과 생물의 다양성의 보존, 토지와 물의 보전 등의 분야도 언급되었으며 또한 선진국과 발전도상국과의 격차를 시정하기 위하여 기술이전의 필요성에 대해서도 촉진을 요구하고 있다. 물론 이 개정안 작성에는 CI의 노력이 컸다.

환경문제는 국경을 초월한다

기술 진보로 인한 선진국의 경제활동의 활발화는 환경에 많은 폐해를 끼치고 말았다. 에너지 다소비가 야기시킨 이산화탄소(CO_2)의 급증과 그 결과 일어난 지구온난화 현상, 선진적인 발명이었던 프레온가스에 의한 오존층 파괴 등 자연의 구조를 변화시켜 환경파괴에 이른 사례는 수없이 많다. 대기도, 물도 국경을 초월하여 이동한다. 그리고 풀과 나무, 동물, 해양생물, 기상에 많은 영향을 주어 결과적으로는 인간과 인간 사회에도 피해를 입히고 만다. 소비자 문제는 보통 소비자에게 피해를 입히는 문제다. 그렇지만 환경문제는 소비자, 인간이 피해자가 되지만 그 원인에 있어서는 소비자 자신이 가해자가 되고 만다. 인간이 지구에 커다란 부하를 일으킨 것은 지구 46억 년의 역사 가운데 최근 100년 정도, 그것도 대부분 최근 50년 안에 일어난 일이다. 자연의 재생이 계속 이루어질 수 있는 지속 가능한 사회 형성을 위해서는 소비자의 의식과 행동이 수반되지 않으면 안 된다.

1980년대에는 각국에서 환경 문제에 관한 NGO의 활동이 두드러졌다. 유럽에서는 석탄을 이용한 공장이 많아 산성비에 의한 피해가 많았다. 건물을 상하게 하고, 숲의 나무를 고사시켰다. 눈에 보이는 환경파괴로 인해 환경운동은 유럽을 중심으로 널리 퍼졌다. 특히 소비자의 행동을 촉진하는 그린 컨슈머 운동은 새로운 형태의 소비자 운동이 되었다. 1988년, 영국에서 〈그린 컨슈머 가이드The Green Consumer Guide〉가 발행되어 급속도로 유럽 각지, 미국으로 확대되고 100만 부의 베스트셀러가 되었다. 이 가이드북에는 소비자용 상품과 그 메이커, 판매점 등이 환경을 어떻게 배려하고 있는가를 환경보전의 관점에서 게재하여 상품 선택의 정보로써 활용하도록 하였다. 소비자가 상품 구입시에 판단하는 재료가 제공되어 있는 것이다. 이 가이드북의 영향으로 메이커와 대형 판매점의 환경대책 개선이 촉진되었다. 또한 소비자가 알기 쉽도록 에코마크를 붙일 것과 유료로 용기를 회수하는 데포지트 제도예를 들면 주류 대금에 병 값을 얹어 판매하고, 병을 반납할 때 병 값을 돌려주는 방식, 리사이클 운동도 유럽 각지에서 널리 퍼졌다.

이처럼 소비자의 행동은 환경보존에 지대한 영향을 주게 되었다. 환경문제는 국경을 초월하며, 그 문제에 대응하는 운동도 국경이 없다는 것을 실감케 한다.

세계 무역의 규칙을 만들어온 가트GATT는 1980년대 들어서 물자 무역뿐 아니라 서비스 분야, 지적 소유권 등 새로운 분야들에 관한 규칙의 제정에도 힘을 쓰게 되었다. 일본에서는 미국의 자유화 방어전쟁이 온통 뉴스가 되고 있던 때에 가트 우루과이라운드1986~1994년에서는 이후의 세계 경제사회에 큰 영향을 미칠 시스템 구축이 진행되고 있었다. 그리고 1994년에 여러 분야의 협정이 체결되고, 그러한 협정들을 운영하기 위하여 이듬해인 1995년 1월 1일부터 GATT는 세계무역기구WTO로 이행되었다.

이러한 협정들 가운데에 소비자에게도 직접 관계하는 중요한 협정이 있었다. 바로 TBT협정무역의 기술적 장해에 관한 협정과 SPS협정위생·식물검역조치에 관한 협정이다. 알기 쉽게 이야기하면, SPS협정은 식료품과 농약 등에 관한 것이고, TBT협정은 그 이외의 공산품에 관한 무역 규칙이라고 말할 수 있다. 종래의 무역거래 규칙은 주로 두 나라 사이에 관한 것이었고, 더욱이 무역거래의 장에서만의 규칙이었다. 그러나 WTO에서 발효된 협정은 직접거래와 관계가 없어도 WTO에 가입한 가맹국 전체가 동일한 규칙의 지배를 받지 않으면 안 된다. TBT협정, SPS협정 모두 「이미 국제 기준이 있는 것은 국내 기준을 국제 기준에 맞춘다.」라고 규정하고, 더욱이 국제 기준이 새로 만들어지는 경우에도 국내 기준을 이에 조정하여 맞출 것을 요구하고 있다. 예를 들어 주스는 과즙이 75% 이상 되지 않으면 안 된다고 국제 기준이 정하고 있어, WTO 가맹국 모든 나라에서 판매되는 주스는 이 국제 기준에 맞추어야 한다.

기준이 낮은 나라는 국내 기준이 상향 조정되지만, 높은 기준을 가진 나라에서는 낮은 국제 기준의 상품이 들어오는 경우가 있다. 따라서 각 나라의 소비자에게 이 WTO 협정은 직접적으로 영향을 주게 된다.

국제 기준이 되는 규격으로서 TBT협정에서는 ISO국제표준화기구 : 공산품 · 품질관리규격 등, IEC국제전기표준회의 : 전기 관계 등을 지정하고 있고, SPS협정에서는 FAO/WHO의 CODEX코덱스 : 식품 · 농약 관계 등을 지정하고 있다. 따라서 ISO와 CODEX의 규격은 자국의 규격 기준이 되고 만다. 특히 CODEX는 각국 정부대표에 의해 검토되고 결정되기 때문에 각 나라들의 법 규제에도 연결된다.

WHO의 체제는 소비자 운동에도 큰 영향을 주게 되었다. GATT의 WTO 체제로의 이행에 앞서 1994년 제14회 대회에서 국제소비자기구CI는 창립 이래의 명칭인 IOCU를 CI로 변경하기에 이르렀다. 이것은 IOCU International Organization of Consumer Unions는 여러 국가의 연합을 의미하고 있는 것이었지만, 국제기관에 대해 대표 파견기관임을 주장하기 위해 CIConsumers International로 정했던 것이다일본어로 번역하면 동일하게 국제소비자기구. 그리고 국제기관에 소비자 대표로서 참여하고, 발신력을 강화하기 위한 조직 변혁을 단행하였다.

IOCU 시대에는 다국적기업을 강력히 비난해왔지만, EU의 통합과 베를린 장벽의 붕괴로 국경의 벽은 급속히 낮아져 특별히 대규모 기업이 아니더라도 국가를 초월하여 생산 판매하는 기업이 늘어났다. 글로벌 시장에서는 기업의 규모에 관계없이 소비자 보호를 위해 국제적으로 공정한 룰의 제정이 필요한 것이다. 그로써 CI는 어려운 규격 작성의 장에 참가토록 독촉받고 있다. 국내 규격 작성에는 반드시 참가할 수 있도록 하고, 국제 규격 작성에도 대표로서 참가하도록 각국의 소비자 단체에게 호소하고 있다. 각종 국제기관도 소비자 참가를 환영하는 경향에 있고, 국제소비자기구의 발신권을 인정하고 있다. 그러나 각 분야의 매우 전문적인 지식과 회의에서 교섭할 수 있는 영어 구사 능력이 요구되어, 국제소비자기구는 각국 단체에 인재 파견을 요구하고 있지만, 인재 확보는 커다란 과제가 되고 있다.

대부분 국가의 소비자 단체는 소비자 운동의 대상을 자국에서 활동하는 기업이나 정부로 삼아왔다. 그렇지만 국제적으로 결정한 것이 자국의 룰이 되기 때문에 국제적 법규의 제정에 관심을 가지고 관여해

가지 않으면 안 된다. 역으로 소비자 단체의 요구가 자국 내에서 받아들여지지 않을 경우 국제적으로 요구하여 국제법을 받아들이게 하면 자국에 대해서도 국제 룰을 반영하는 것이 된다. 이러한 점에 대해서는 WTO 체제에 찬성하고 있지 않은 발전도상국의 소비자 단체도 그 효과를 인정하고 있다. 발전도상국의 대부분은 정책결정이 민주적으로 이행되고 있지 않을 뿐 아니라 권력자와 결탁된 기업이 독립적으로 기준과 가격을 결정한다. 이러한 나라에서는 국제 기준이 일종의 외압이 되어 기업은 소비자에게 극단적인 불이익을 강요하지 못하게 된다. 또한 국제 기준이 검토되기 전에 자국에 유리한 기준을 만들어두는 것이 국제 규격 작성 시 유리하게 되기 때문에 과제 검토를 앞당기는 효과도 있다. 일본에서의 유전자변환식품의 문제가 그 좋은 예이다. 소비자 단체는 안전성의 확인과 표시를 요구해왔지만 당초 정부는 종래의 것과 실질적으로 동등성이 있다고 해서 인정하려고 하지 않았다. 그러나 CI가 세계의 소비자 단체가 안전성 확인과 표시를 요구하며 활발하게 활동하고 있었던 점을 강력하게 어필하고 CODEX에서 검토에 들어가게 되자 일본 정부는 불충분한 가운데서도 표시의 의무화를 단행하였다.

ISO는 민간 산업계가 이용하는 국제 규격의 조직이지만, 규격 제정 시 소비자 참가의 필요성을 일찍이 인식하여 ISO와 IEC 공통의 소비자정책위원회를 설치하고 있었다. ISO는 공산품의 품질과 크기, 시험 방법의 규격에 집중하였는데, 품질관리의 ISO 9000시리즈와 환경감사의 14000시리즈로 널리 알려지게 되었다.

소비자정책위원회COPOLCO에서는 1997년의 총회에서 「글로벌 시장에서의 소비자 보호」를 위한 행동 집단을 발족시켜 기업이 공정한 소비자 보호를 행하도록 하는 기준 제정 작업을 시작하였다. 이 그룹은 고충 처리, 행동규범, 재판의 분쟁처리기관의 세 종류에 관한 초안을 작성했다. COPOLCO는 각국으로부터 규격단체가 참가하고 있고, 그 가운데는 소비자 대표가 포함되어 있는 경우가 많다. 물론 CI도 참가하고 있고, EU의 ANEC라는 조직도 출석하고 있다. ANEC는 CODEX와 ISO, IEC, 또한 유럽의 규격에 대해서도 오로지 소비자의 입장에서 대응하며, 전문적 기술가를 스태프로 두고 있다. ANEC의 재정은 EU가 지원하고 있지만, EU의 이익보다도 소비자의 이익을 중시한다. EU도 국제규격이 소비자의 이익에 맞지 않는 것이라면 의미가 없는 것으로 간주하고 있다.

「글로벌 시장에서의 소비자 보호」는 국경을 초월한 사람, 물자의 이동뿐 아니라 서비스 분야도 중요하게 다룬다. 교통, 숙박시설은 물론 스포츠와 음악회의 입장권 판매, 트레킹이나 스키장의 서비스 등도 여러 국가의 소비자가 이용하고 있다. 이러한 것들의 서비스가 안전하고 공평하며 알기 쉬운 것이 아니면 안 된다.

더욱이 컴퓨터와 인터넷이 전 세계에 보급됨으로 인해 소비자 문제의 범위는 단번에 확대되고 있다. 신용카드 결제와 금융상품의 거래가 용이해져 국경에 관계없이 일반 소비자가 간단하게 거래를 할 수 있게 되었다. 통신과 방송의 기술혁신은 앞으로도 계속되겠지만, 현재의 전자상거래에 대해서도 소비자 보호 대책은 불충분한 상태 그대로이다. 이러한 분야의 소비자 보호 대책은 한 개 국가만의 대책으로 끝나는 것이 아니라, 국제적 대응이 불가피하다. OECD와 EU를 비롯하여 국제적 수준에서의 통신사업자 조직 등도 CI나 각국의 소비자 단체와의 검토를 계속하고 있지만 기술적, 법적 해결에 있어서 많은 곤란한 문제를 안고 있다. 이 분야는 기술 진보가 빠르고 지금까지의 법률의 사고방식이 인터넷에 부합하지 못하는 면이 있어 충분한 대책을 세울 수 없는 원인이 된다. 일본과 한국, 일본과 EU, EU와 미국 등 두 나라 간의 소비자 단체 또는 아시아의 소비자 단체들이 지역적인 정보 교환과 경험 교류 등을 이어나가고 있지만 대응할 수 있는 기술능력을 가진 인재가 부족한 것이 현실이다. 역으로 인터넷이 일반화됨으로써 이를 이용할 수 없는 고령자나 가난한 소비자의 정보 약자의 문제도 야기되고 있다. 앞으로도 IT 분야는 소비자 문제로서 많은 과제를 불러일으킬 것이다.

다각적 무역은 WTO에 의한 법규 제정이 추진되었다 하더라도 커다란 소비자 문제를 낳기 쉽고, 그 원인 해명에도 시간이 걸린다. 영국에서 발생한 광우병BSE; 소해면상 뇌증은 유럽 각지에 퍼졌다. 광우병의 원인이 사료 육골분이라는 것을 알기까지는 수년이 걸렸다. 그리고 사료를 수입하고 있는 일본에서도 광우병이 발생하였다. 광우병 발생국으로부터의 쇠고기 수입이 금지되었을 뿐 아니라 소가 재료로 사용된 수

프 이용 식품부터 화장품까지도 회수하는 일이 일어났다. 소 하나에서도 여러 가지 형태의 상품이 세계 각국에 유통되고 있어서, 일단 문제가 일어나면 전 세계가 대책을 세우기에 급급해진다.

종래는 상품과 서비스 그 자체만으로 소비자에게 유익할지 어떨지를 판단할 수 있었지만, 글로벌화에 의해 그러한 판단은 어렵게 되었다. 싼 상품이 좋다고 해도 그것을 생산하는 노동자가 열 살도 안 된 어린이라면 소비자는 환영할 리 없다. 아무리 고성능의 상품이라 할지라도 공장 주변을 오염시키며 자연에 큰 변화를 일으키는 환경파괴를 일으킨다면 좋게 평가할 수는 없는 일이다. 기업활동이 글로벌화되고 유통망이 확대되면 기업활동은 보이지 않게 된다. 약한 부분에 주름이 생기는 것과 같은 시장경쟁을 막기 위해서라도 기업행동의 감시 체제가 구축될 필요가 있다.

다국적기업의 행동을 소비자 단체는 오랫동안 문제 삼아왔다. 유엔도 이에 대해 검토하여 유엔 사무총장이 ‘글로벌 콤팩트’의 제창을 감행하였다. 1999년, 다보스에서 열린 세계경제포럼에서 이를 발표한 것이다.

현재, ISO에서는 사회적 책임의 국제 기준 작성을 검토하고 있다. 원래는 ‘기업의 사회적 책임’이었지만, 기업만이 아니라 행정기관과 공공단체에게도 이용할 수 있는 기준을 제정하려 하고 있는 것이다.

이 검토에는 이해관계자로서 산업계, 소비자 외에도 노동계, 정부, NGO 등이 참가하고 있다. 이 회의는 일부 색다른 운영 방법이 적용되고 있다. 선진국과 발전도상국이 짝이 되어 책임을 나눠 가지는 형식으로, 발전도상국의 경비를 상대 짝인 선진국이 부담하는 것이다. 이해관계가 다른 멤버로 국제적인 사회적 책임에 관한 법규를 만든다는 것은 많은 어려움이 예상되지만, 같은 테이블에 앉게 되었다는 것만으로도 국제적으로 공통된 문제인식을 갖게 되었음을 뜻하는 것이다.

글로벌화는 소비자 문제의 질과 운동 방법을 변화시키고 있다. 자국 내의 사정에만 눈을 돌리고 있어서는 소비자 문제의 판단이 불가능해진다. 세계 소비자의 입장을 항상 고려하여 소비자 운동을 전개해가지 않으면 안 될 뿐 아니라 세계를 향한 정보 발신도 함께 이루어져야 한다. 일본의 소비자 단체는 영어를 비롯한 외국어의 벽 때문에 정보 교류에 곤란을 겪고 있다. 이 장벽을 빨리 극복할 수 있도록 인재의 육성이 시급한 실정이다.

part 12

소비자와 정보

이 장에서는 소비자와 정보의 관계를 정리하고 소비사회에 있어서의 소비자 정보, 식품·가정용품 등의 표시, 표시의 규정, 업계의 자주표시, 광고에 대해서 설명한다. 그리고 고도 정보사회에서의 소비자 정보의 현상과 과제를 생각해보기로 한다.

소비사회에서의 소비자 정보

1. 소비자와 정보

소비자와 정보의 관계는 ❶소비자에 대한 정보, ❷소비자를 위한 정보, ❸소비자를 향한 정보, ❹소비자의 주체정보_{자기정}보, ❺소비자로서의 정보, ❻소비자를 통해서_{소비자들로부터}의 정보 등 여섯 가지로 접근할 수 있다.

❶ '소비자에 대한 정보'는 소비자가 어떠한 행동을 하는가, 수입은 어느 정도 되는가, 구입할 때 어느 정도의 지식을 가지고 구입하는가, 판단력은 어느 정도인가 등에 관해 기업의 시장조사, 행정의 소비자 피해 정보 획득, 소비자 단체의 소비자 실태 조사, 전화 상담에 의해 얻는 내용이다.

❷ '소비자를 위한 정보'는 어떠한 상품이 있는가, 상품을 선택할 때 어떻게 판단하면 좋은가 하는 기준, 금융상품을 구입할 때의 경제 지

식, 계약 시의 법률 지식, 악질 상법에 대한 정보 등으로 소비자 교육의 내용이 되는 경우가 많다. 소비자 대상의 계발 강좌 등에서 제공되는 일이 많지만, 기업이 제공하는 경우도 있고 또한 잡지나 신문 등으로도 제공된다.

❸ '소비자를 향한 정보'는 표시와 광고 등 소비자를 향하여 사업자가 제공하는 정보이다.

❹ '소비자의 주체정보'는 자신의 신장이 몇 센티미터인지, 사이즈는 얼마인지, 자신의 수입은 얼마인데 현재 사용하고 있는 돈은 얼마나 되는지, 어떤 상품을 갖고 싶은지, 장래 어떠한 생활을 하고 싶은지, 그를 위해 어떠한 소비를 하려고 하는지 등 소비자가 스스로 상품·서비스에 대응하는 자신을 파악하는 정보이다.

❺ '소비자로서의 정보'는 상품을 구입한 날짜를 기록한다거나 구입한 상품의 상태와 변화를 파악한 정보를 말한다.

❻ '소비자를 통해서의 정보'는 기업 측에 제출한 고충 정보, 소비생활센터 등에 상담하는 내용, 정보 등을 말한다.

소비자에게 중요한 정보는 간단하게는 ❷의 '소비자를 위한 정보'겠지만, ❶의 '소비자에 대한 정보'를 바탕으로 해서 소비자를 위한 정보가 무엇인가를 알게 되는 것이다. '소비자를 위한 정보'가 ❸의 '소비자를 향한 정보'가 되는 시스템도 필요하다. 또한 '소비자를 위한 정보는' ❹의 '소비자의 주체정보자기정보'와 맞붙여봄으로써 비로소 의의를 지니게 된다. ❺의 '소비자로서의 정보'는 상품을 구입한 날짜의 정보로 보증 기간 등 '소비자를 위한 정보'로 필요하고, ❻의 '소비자를 통해서의 정보'는 기업 측에 고충 정보를 제시하거나 소비생활센터에 상담을 의뢰하여 그 회답으로 얻어지기 때문에 '소비자를 위한 정보'가 된다. 이처럼 소비자와 정보의 관계, 혹은 소비자를 위한 정보는 이러한 여섯 가지의 접근에 의한 상호 관계 속에서 편성된다. 그럼 소비자는 실제로 상품을 구입할 때 무엇을 참고로 하고 있을까?

건강식품의 경우를 예로 들면, 건강식품을 구입한 적이 있는 사람이 참고로 하는 것은 포장 등의 설명이 50%, 상품의 원재료 표시가 40%, 상품의 영양 표시가 36%, 보건기능의 표시가 36%, 친구 · 지인의 권유가 29%, 판매원의 설명이 10%로서 상품에 기재된 표시에 많이 의존하고 있다. '특별히 없다'는 무응답을 제외한 96%가 상품에 대한 무엇인가의 정보를 요구하고 있어, 상품 · 서비스의 정보의 중요성이 시사된다.

2. 소비자를 향한 정보

소비자기본법에서는, 제2조의 기본이념 가운데 소비자의 권리로서 「안전이 확보될 것」, 「상품 및 서비스의 자주적, 합리적인 선택의 기회가 확보될 것」, 「필요한 정보가 제공될 것」 등이 규정되어 있는데, 이러한 것들은 모두 정보와 관계되는 것이다. 직접적인 시책으로서 계량의 적정화, 규격의 적정화와 함께 광고 기타 표시의 적정화가 명시되어 있다. 또한 소비자계약법에서도 제3조에 사업자의 노력 의무로서, 권유할 때는 필요한 정보를 제공하도록 노력할 것을 명시하고 있고, 소비자는 사업자로부터 제공된 정보를 활용하여 소비자의 권리·의무와 계약의 내용을 이해하도록 노력할 것과 정보 제공·활용을 촉구하고 있다. 소비자가 활용하는 정보는 넓은 의미로 계약의 판단에 관한 정보, 소비자계약법에서 말하는 「중요사항」인데, 상품·서비스의 내용과 질·가격·용도·거래조건 등이 여기에 속한다. 내용과 질은 품질·성능·기능·효능·구조·재료·안전성·원산지·제조방법 등이고, 용도는 사용처, 거래조건은 지불 방법·인도 시기·서비스 기간·보증·수리의 조건 등이다. 소비자를 향한 정보는 소비자가 수동적으로 받아들이는 것이 가장 많지만, 근년에 와서는 소비자가 수취하는 것이 아니라 소비자가 접촉하여 얻는 경우도 많다.

표시

소비자가 얻는 정보로는 표시와 광고가 있다. 일반적으로 표시는 상품과 서비스의 내용 및 거래 조건, 취급상·사용상 주의할 점 등을 나타내는 문장, 마크 등의 기호, 그런 것들을 조합한 문서를 의미하고, 광고와는 구별되는 경우가 많다. 표시는 광의로는 「고객을 유인하기 위한 수단으로서, 사업자가 자기가 공급하는 상품 또는 서비스의 내용 또는 거래 조건, 기타 이러한 것들의 거래에 관한 사항에 대해 행하는 광고 기타 표시로서, 공정거래위원회가 지정하는 것을 말한다.」^{부당경품류} 및 부당표시 방지법 제2조 제2항 공정거래위원회가 지정하는 표시는 ❶상품·용기 또는 포장에 따른 광고 기타 표시, 이러한 것들에 첨부된 것에 의한 광고 기타 표시, ❷견본·전단지·팸플릿·광고성냥 및 기타 이러한 것과 유사한 것에 의한 광고 및 방문광고, ❸포스터·간판·네온사인·애드벌룬 및 기타 이와 유사한 것에 의한 광고 및 진열 또는 실연에 의한 광고, ❹신문지·잡지·기타 출판물 및 방송·영사·연극 또는 전

광판에 의한 광고이다. 표시에 광고, 판촉물 등이 포함되어 있다.

이것을 광의의 표시라고 한다면, 협의의 표시는 광고와 구분하여 정의되고 있다. 현재는 협의의 표시가 일반적이라고 할 수 있다.

표시를 근거로 하여 소비자가 상품 구입을 결정하는 일이 많고, 부당 표시는 불공정한 거래^{부당고객유인행위}와도 통하기 때문에, 부당 표시의 규제를 필요로 한다. 1962년에 부당경품류 및 부당표시방지법^{통칭 경품표시법}과 가정용품품질표시법이 생겼고, 1968년에는 소비자보호기본법의 제9조에 규격의 적정화, 제10조에 표시의 적정화 조항을 삽입하였으며, 1970년에는 농림물자규제법의 개정에 의한 농림물자의 규격화 및 품질표시의 적정화에 관한 법률^{JAS법} 등에 의해 표시의무제도가 추진되었다. 그후 명확한 부당 표시가 감소하는 경향을 보였으나 사업자의 자주적인 대책의 유효성이 높다는 인식 하에 공정경쟁규약설정에 의한 방법이 많아졌다. 1991년 식품첨가물의 표시, 1995년 식품위생법 개정에 의한 제조 연월일 표시로부터 품질유지기한, 소비기한으로 변경되기도 했다. 또한 1994년에 제조물책임법^{PL법}이 제정되고, 동법의 「표시의 결함」이 없도록 경고 표시를 추진하였다. 1997년, 규제완화책으로서 후생노동성이 HACCP^{위해요소중점관리}에 의거한 종합 위생관리 제조과정의 승인제도를 도입하였는데, 그 승인을 받고서도 현장에서 지키지 않아 식중독 피해를 낸 유업회사 때문에 표시에 대한 신뢰는 떨어지고 말았다. 소비자를 위한 정보 제공을 진행하는 JAS법의 개정에 따라 소비자용 음식료품 전부가 품질표시 기준의 대상이 되었고,

원산지 표시도 모든 농·축·수산물에 의무화되었다. 소비자가 알기 어려운 '유기'에 대해서도, 유기 농산물 및 유기 농산물 가공품에 유기 JAS 마크를 붙이도록 하였다. 또한 2001년부터는 대두와 옥수수 등의 유전자변환 농산물과 그 가공품에 대하여 의무표시와 유전자변환 대두를 원료로 쓰지 않는 경우의 임의표시가 도입되었다.

식품의 표시에 대해서는, 전술한 바와 같이 JAS법에서 일반 소비자의 선택에 도움을 주고 공공복지를 증진할 목적으로 농림물자의 규격화와 품질에 관한 적정 표시를 의무화하여, 품질표시 기준을 정하고 있다. 표시를 의무화하고 있는 것은 '농림물자'로 ❶음식료품과 유지, ❷농산물·임산물·축산물·수산물 및 이러한 것들을 원료·재료로 하여 제조 또는 가공한 물자로 정령政令에서 규정하는 것이다. 농림물자란 주류, 약사법에 규정하는 의약품, 의약부외품, 화장품을 제외한 것들이다. 또한 '규격'이란 농림물자의 품질에 대한 기준과 그 품질에 관한 표시의 기준을 의미한다. 명칭품명, 원재료명사용량이 많은 순으로 기재, 식품첨가물 기재, 날짜소비기한 또는 상미기한, 보존 방법, 원산지 등을 표시하도록 의무화하고 있다. 또한 식품위생법에 의하면 용기에 넣거나 포장을 한 가공식품의 경우 명칭, 제조업자, 소재지, 상미기한, 소비기한, 사용한 첨가물 모두를 표시하지 않으면 안 된다.

특별용도표시의 허가에 대해 건강증진법에서는 유아용, 임산부용, 환자용 등의 표시에 대해서도 후생노동장관의 허가를 받도록 규정하고 있다제26조. 또한 영양표시기준제31조을 규정하였으며, 광고 등의 표시에서 건강의 유지촉진 효과 등에 대해 사실과 다른 표시와 현저하게 오해시킬 수 있는 표시를 해서는 안 된다고 하는 과대광고 금지를 규정하고 있다제32조. 또 용기, 포장된 가공식품의 표시, 광고에 대해서는 약사법으로 의약품적인 효과 표시의 금지를 규정하고 있다.

2. 가정용품의 표시

가정용품품질표시법에서는 가정용품의 품질에 관한 표시에 대해서「성분, 성능, 용도, 저장법 및 기타 품질에 관해 표시해야 할 사항」제3조을 규정하고 있다. 일반 소비자가 제품의 품질을 바르게 인식하여 구입할 때 불이익을 당하는 일이 없도록, 사업자에게 표시를 적정하게 행할 것을 요청한 것이다. 표시의 적정화를 지정하고 있는 '가정용품'이란, 「일반 소비자가 일상생활에 쓰기 위해 공급되는 섬유제품, 합성수지 가공품, 전기기계기구 및 잡화공산품 가운데 일반 소비자가 그러한 것들을 구입할 때 식별하기가 현저하게 곤란하고, 또 그 품질을 식별하는 것이 필요하다고 인정되는 것으로 정령에서 규정하는 것」제2조이다. 섬유제품에 대해서는 면사, 직물, 의류 등 33품목, 합성수지 가공품에 대해서는 욕실용 기구, 바구니, 주방용기구 등 8품목, 전기기계기구에 대해서는 세탁기, 냉장고, 전자렌지 등 27품목, 잡화공산품에 대해서는 보온병, 가방, 양산 등 32품목이 가정용품품질표시법에 의한 지정 품목으로 되어 있다. 예를 들어 섬유제품의 경우 섬유의 조성과 가정에서의 세탁취급 그림표시씻는 방법 · 염소계 표백의 가부 · 다림질하는 방법 · 드라이크리닝 · 짜는 법 · 말리는 법, 표시자명 및 연락처를 표시해야 한다. 표시를 이해하기 위해서는 그것이 의미하는 것을 이해할 필요가 있고, 그것을 소비자 지식이라 한다면, 표시가 소비자를 위한 정보가 되기 위해서는 소비자 지식이 필요하다고 말할 수 있다.

안전에 대한 표시를 보자. 소비생활용제품안전법이 소비자의 신체와 생명에 대해서 특히 위험을 미칠 우려가 있는 제품에 대해서는 국가가 정한 기술상의 기준에 적합하다는 표시의 PSC 마크가 없으면 판매할 수 없도록 규정하고 있다. 또한 전기용품안전법에서는 PSE 마크, 가스사업법에서는 PSTG 마크, 액화석유가스의 보안 확보 및 거래의 적정화에 관한 법률에서는 PSLPG 마크, 소방법에서는 소방설비검정 마크를 의무화하고 있다.

소비생활용제품안전법에 민간이 자주적으로 소비생활용 제품의 안전을 인정하는 마크로서 SG 마크 제도가 제정되어 있다. 그 외 BL 마크, SF 마크, 완구의 ST 마크, 홈헬스기구치료기 · 안마기 등의 HAPI 마크 등이 있다. 이런 마크가 있는 제품에는 손해배상이 지불되는 경우도 있다.

3. 기타 표시

의약품, 의약부외품, 화장품, 의료용구의 품질, 유효성, 안전성 확보에 대해서 약사법에서는 허위과대광고를 규제하고 있다. 화장품의 표시와 기준도 있다.

주택에 대해서는 2000년 4월, 주택의 품질확보 촉진 등에 관한 법률 시행에 따라, 임의의 제도로서 국토교통장관에 의한 주택성능표시 제도가 있다.

또한 공업표준화법이 개정되어, 2005년 10월부터 신 JIS 마크 제도가 개시되었다. 구제도에서는 국가가 지정한 제품에 한해 JIS 마크 표시를 인정하고 있었지만^{2008년 9월 말까지로 종료}, 신제도에서는 인증 가능한 JIS 제품 규격이 있는 모든 제품에 대해서 인증^{국가에 등록된 민간기관이 담당함}을 받으면 JIS 마크를 표시할 수 있게 되었다.

4. 지방자치단체 · 소비생활조례 등에 의한 표시의 규정

표시는 적절한 선택에 꼭 필요한 것으로서 중요한 기능을 가지며, 소비자의 오인이 있을 경우 피해가 생기기 때문에 지방자치단체가 조례로 규정하고 있는 경우가 많다. 품질 등의 표시에 대해서, 도쿄 소비생활조례 제16조에서 「도쿄도지사는 소비자가 상품을 구입함에 있어, 그 내용을 쉽게 식별하도록 함은 물론 적정하게 사용하기 위한 필요가 있다고 인정할 때는 법령에 규정이 있는 경우를 제외하고 상품별로 그 성분, 성능, 사용 방법, 공급하는 사업자명 또는 명칭, 기타 표시해야 하는 사항, 표시 방법, 기타 표시할 때에 사업자가 지켜야 할 사항^{이하 '상품표시사항 등' 이라 함}을 지정할 수 있다.」라고 규정하고 있다. 제2항에서는 서비스, 제3항에서는 상품 또는 서비스가 자동판매기 및 기타 이와 유사한 기계에 의해 공급되는 경우에 대해서도 지정하고 있다. 국가의 규정으로 규제되어 있지 않은 품목의 기준, 기준에 적합한 표시를 사업자에게 의무화하고 있다.

더욱이 품질 등의 보증표시에 대해 제17조에서「지시^{知事}는, 필요에 따라 상품 또는 서비스마다 그것에 대한 품질, 성능 등을 보증하는 취지의 표시^{이하 '보증표시사항 등' 이라 함}를 지정할 수 있다.」라고 규정하고 있다. 보증표시는 반드시 '보증서' 형태의 것이 아니더라도 넓게 '보증'을 한다는 취지의 표시, 또는 '보증'이라는 말이 아니더라도 수리·교환 취지의 표시가 되어 있어 보증과 같은 취지로 판단되는 경우는 이것을 포함하도록 하고 있다. 표시해야만 하는 사항으로는 ❶품명·형식명, ❷ 보증 책임자, ❸보증 이행자, ❹보증 기간의 시작 시기·끝나는 시기, ❺보증의 대상이 되는 부분, ❻보증의 양태, ❼보증을 받기 위한 조건, ❽보증의 적용 제외, ❾상담창구, ❿수리 내용의 기재란, ⓫법적책임이다.

또한 단위가격 및 판매가격의 표시에 대해서도 제18조에서「지시^{知事}

는, 소비자가 상품을 구입함에 있어, 이것을 적절하게 선택하기 위한 필요가 있다고 인정할 때는 상품별로 질량, 길이, 면적, 부피 등의 단위당 가격을 표시하는 방법 및 표시할 때 사용하는 단위를 지정할 수 있다.」라고 규정하고 있다.

5. 업계의 자주표시

표시의 적정화를 위하여 업계가 자주적으로 기준을 작성하는 등의 예도 있다. 예를 들면 경품류의 제공과 표시·광고에 관한 공정경쟁규약이 있다. 공정경쟁규약은 부당경품류 및 부당표시방지법 제10조의 규정에 의거 공정거래위원회의 인정을 받아 업계가 자주적으로 규정하는 것으로서, 표시·광고에 대해서는 70건 인정받고 있다. 과즙음료, 유음료, 벌꿀, 포도주 등의 음·식료품과 부동산, 가전제품, 화장품 등도 있다. 우유와 벌꿀 등의 규약에서는, 공정경쟁규약에 따른 표시라는 것을 의미하는 '공정마크'를 붙이도록 되어 있다. 규약에 대한 참가자는 규약에 따른 표시를 하도록 규약운용기관공정거래협의회이 설치되어 있다.

광고

여기서 다루는 광고는 상업광고를 말한다. 광고에는 광고주, 즉 광고를 하는 사람이 있다. 소비자는 광고되는 것을 받는다는 의미에서 수동적이며, 광고주의 의도가 있는 것을 받는다는 의미에서 영향을 받는 존재가 된다. 과장되거나 소비자를 속이거나 하여 소비자에게 불이익을 주는 광고 표현을 배제하기 위하여 광고 규제가 있는 것이다. 국가에 의한 법적규제와 업계의 자주규제가 있다. 국가에 의한 법적규제로서는 부당경품류 및 부당표시방지법이 있다. 경품, 현상류의 제한과 함께 소비자에게 오인을 주어 부당하게 고객을 유인하는 표현을 규제한다.

또한 특정상거래법에서는 통신판매, 다단계판매, 업무제공유인판매 거래에 표시사항의 의무화와 과대광고의 금지를, 특정계속적 용역제공에 과대광고의 금지를 규정하고 있다.

자주규제에는 광고업계의 '광고윤리강령', 광고매체의 '신문광고

윤리강령'·'일본 민간방송연맹 방송기준'·'잡지광고 윤리강령'과 광고주의 자주규제가 있다.

또한 공정한 광고활동의 추진을 통하여 광고, 표시의 질적 향상을 도모하는 것을 목적으로 하는 일본광고심사기구JARO; Japan Advertising Review Organization가 있다. 이는 광고 및 표시에 관한 지도·상담, 심사, 기준 작성, 지식 보급을 주된 사업으로 하고 있으며 허위·과대·오도 광고 등 실제의 상품 및 서비스와는 다른 광고에 의한 소비자 피해와 고충, 질문에 대응하고 있다.

고도 정보화**사회**의
소비자 정보

현대의 고도 정보화사회에서는 소비자를 위한 정보가 수없이 많이 제공되고 있다. 여기서는 소비자에게 참고가 되는 중요한 정보를 구체적으로 열거하려 한다.

내각부 국민생활국의 〈핸드북 소비자〉국립인쇄국에는 소비자 정책, 관련 단체의 활동 상황, 소비생활과 관계가 깊은 사항에 대해서 최신 정보와 함께 그 개황을 폭넓게 수록하고 있다.

국민생활센터의 〈생활의 콩알지식〉은 소비생활 상담의 사례 등을 중심으로 생활에 도움이 되는 지식 및 정보를 압축해서 정리하고 있다. 국민생활센터의 〈월간 국민생활〉은 소비자 문제를 중심으로 생활문제 전반에 걸친 정보를 그때그때 제공는 전문지이다. 국민생활센터와 소비생활센터에서 행한 상담과 상품 테스트 정보를 비롯하여 생활에 도움이 되는 여러 가지 정보를 게재한다.

일본소비자협회의 〈월간 소비자〉는 상품 테스트 결과, 상품 가이드, 생활 Q&A, 소비생활 키워드 등을 게재하고 있다.

최신의 상세한 정보를 얻을 수 있는 것으로는 각 기관의 홈페이지가 있다. 다음은 소비자 정보의 주요한 홈페이지들이다.

- 내각부(www.cao.go.jp)
- 금융청(www.fsa.go.jp)
- 경찰청(www.npa.go.jp)
- 공정거래위원회(www.jftc.go.jp)
- 총무성(www.soumu.go.jp)
- 법무성(www.moj.go.jp)
- 재무성(www.mof.go.jp)
- 문부과학성(www.mext.go.jp)
- 후생노동성(www.mhlw.go.jp)
- 농림수산성(www.maht.go.jp)
- 경제산업성(www.meti.go.jp)
- 소비자정책(www.meti.go.jp/policy/consumer)
- 제품안전(www.meti.go.jp/policy/consumer/contents5·html)
- 국토교통성(www.mlit.go.jp)
- 환경성(www.enu.go.jp)

- 국민생활센터(www.kokusen.go.jp)

- 금융홍보중앙위원회(www.shiruporuto.jp)

- (재)소비자교육지원센터(www.consumer-education.jp)

- (재)일본소비자협회(www.sphere.ne.jp/jca-home/)

- (사)소비생활어드바이저 · 컨설턴드 협회NACS (www.nacs.or.jp)

- (사)소비자관련전문가회의 (www.acap.or.jp)

고도 정보통신사회의 소비자

온라인 쇼핑을 비롯한 인터넷 거래는 급속히 확대되고 있다. 고도 정보통신사회에서 거래는 세계적인 규모로 전개되고 있어, 국제적인 조화를 도모한 룰도 필요하게 되었다. 제도는 법률에 의해 공식화된다. 주된 법률로부터 고도 정보통신사회의 룰에 대해서 살펴보자.

부정접속행위의 금지 등에 관한 법률과 고도정보통신네트워크사회형성기본법이 2001년 1월에, 전자서명 및 인증업무에 관한 법률전자서명법이 2001년 4월에, 전자소비자계약 및 전자승낙통지에 관한 민법의 특례에 관한 법률전자소비자계약법이 2001년 12월에 각각 시행되면서 고도 정보통신사회에서의 계약 룰이 정비되었다. 또 특정전기통신용역제공자의 손해배상책임의 제한 및 발신자정보의 게시에 관한 법률프로바이더 책임법이 2002년 5월에, 인터넷 이성소개 사업을 이용하여 아동을 유인하는 행위의 규제 등에 관한 법률만남 사이트 규제법이 2003년 12월에, 특정전자메일의 송신적정화 등에 관한 법률이 2004년 4월에, 전기통신용역 이용방송법이 2005년 1월에 시행되고 있다.

고도 정보통신사회라는 새로운 사회의 도래는 소비자에게 그 사회에 대한 적응, 다시 말해 사회를 배울 것을 요청하고 있는 것이다.

part 13

소비자 상담과
소비생활 어드바이저

이 장에서는 소비자 상담이란 무엇인가, 소비자 상담의 분류, 소비자·사업자·행정의 효과와 역할을 정리해본다. 또한 소비자 상담의 현황, 실천 프로세스, 소비생활 어드바이저의 역할과 담당자의 자질, 자격에 대해 고찰해본다.

소비자 상담과
여러 가지 측면

1. 소비자 상담이란

소비자 상담은 여러 가지 측면에서 살펴볼 수 있다. 우선 소비자에게는 기업과 대화를 하는 가장 직접적인 창구이고, 기업 등 상담을 받아들이는 측에게는 직접적으로 소비자와 대화할 수 있는 귀중한 기회이다. 또한 소비자 상담은 센서의 역할을 한다. 센서 sensor는 빛과 열, 소리 등의 감지장치를 의미한다. 소비자 상담창구는 조직을 대표하여 소비자로부터 제기된 상담에 대응하는 한편, 소비자의 의향을 한 발 빨리 감지하는 역할을 하는 것이다.

그런데 상담이란 서로 의견을 주고받는다는 의미가 있지만, 소비자 상담은 소비자로부터 제기되는 것이기 때문에 본래의 상담의 의미에 부가하여 고충, 요망이라는 의미가 포함된다. 즉 소비자 상담이라는 것은 소비자로부터 상품·서비스 및 관련 사항에 관한 문의, 고충, 요망에 대해서 행정, 기업, 단체 등이 대응하는 것이다. 그것은 조직에 대한 '소비자로부터의 정보'임과 동시에, 그 대응이 '소비자를 위한 정보'도 된다고 하는 쌍방향성을 지니고 있다. 이 쌍방향성은 상담의 모든 장면에서 고려되어야 하는 특질인 것이다.

2. 소비자 상담의 종류

소비자 상담을, 상담을 받는 기관으로 분류하자면, 공적형과 민간형으로 구분된다. 공적형에는 국가의 기관인 성청, 도ㆍ도ㆍ부ㆍ현, 정ㆍ령ㆍ도ㆍ시, 시ㆍ구ㆍ정ㆍ촌 등의 행정기관, 또 국민생활센터와 같은 공적 성격을 가진 독립행정법인이 있다. 민간형에는 사업자 혹은 PL^{Public Liability} 센터와 같은 사업자 단체가 우선 포함된다. 그리고 변호사회, 소비자 단체, 특정 비영리활동법인^{NPO 법인} 등이 행하는 상담창구가 있다.

공적기관의 법적 근거는 소비자기본법 및 지방자치법에 있고, 민간형의 법적 근거는 재판외분쟁해결촉진법에 있다.

소비자기본법의 관련 조항을 살펴보자. 먼저 제2조^{기본이념}에서 「소비자의 권리에 대해, 필요한 정보 및 교육의 기회가 제공되고」「피해가 발생한 경우에는 적절하고도 신속하게 구제되어야 한다.」라고 명기되어 있다. 사업자에 대해서는, 제5조^{사업자의 책무 등}에 「소비자에 대하여

필요한 정보를 명확하고도 평이하게 제공할 것」과 「소비자와의 사이
에서 발생한 고충을 적절하고도 신속하게 처리하기 위하여 필요한 체
제 정비에 힘쓰고, 해당 고충을 적절하게 처리할 것」이라고 명기되어
있으며, 사업자 단체에 대해서도 고충처리 체제의 정비를 요구하고 있
다. 게다가 기본적 시책 제19조고충처리 및 분쟁해결의 촉진에서는 지방공공단체
에 대하여 「상품 및 서비스에 관하여 사업자와 소비자와의 사이에서
발생한 고충이 전문적 지식에 의거하여 적절하고도 신속하게 처리되
도록 할 것」과 「고충처리의 알선 등에 노력하지 않으면 안 된다」라고
되어 있고, 도 · 도 · 부 · 현에 대해 분쟁의 해결에 필요한 시책을 강구
하도록 요구하고 있다. 소비자 단체에 대해서도 제8조에서 소비자 피
해의 방지 및 구제를 위한 활동에 힘쓸 것을 요구하고, 제25조에서는
독립행정법인 국민생활센터에 대해 고충처리의 알선 및 해당 고충에
대한 상담 등에 대해 중추적인 기관으로서 적극적인 역할을 다할 것을
요구하고 있다.

개괄적으로 살펴보면 상담에 관해 법이 규정하는 것은 주로 고충처
리의 알선과 분쟁해결의 촉진 등이다. 고충처리의 다음 단계로서 분쟁
해결이 자리매김하고 있다고 볼 수가 있다.

사업자의 고충처리에 관해서는 국제표준화기구에 의한 ISO
10002; 2004품질경영-고객만족-조직에 있어서의 고충대응을 위한 지침(Quality management-
Customer Satisfaction-Guidelines for complaints handling in organization)의 일본판, JIS Q-
10002; 2005품질 경영-고객만족-조직에 있어서의 고충대응을 위한 지침이 2005년 6월에 제

정되었다.

한편 분쟁해결에 관해서는 재판 외 분쟁해결의 수속이 있다. 소비자 관련 트러블은 일반적으로 금액이 소액이기 때문에 시간도 많이 걸리고 비용도 많이 드는 소송을 회피하는 경향이 있어, 이에 재판 외 분쟁해결 제도ADR; Alternative Dispute Resolution의 존재의의가 있다. 재판외분쟁해결촉진법에는 재판 외 분쟁해결 수속에 대해 「소송 수속에 따르지 않고 민사상의 분쟁을 해결하려고 하는 분쟁 당사자를 위하여 공정한 제3자가 참여하여 그 해결을 도모하는 수속을 말한다.」제1조 목적라고 되어 있다. 그리고 재판 외 분쟁해결 수속의 기본이념, 국가의 책무를 규정하고 있다. 특히 민간 사업자가 행하는 화해의 중개조정·알선 업무에 대해 일정의 요건에 적합한지를 인증하는 제도를 두고 있고, 또한 그 화해의 중개 업무에 대해 시효중단의 특례를 규정하는 등 국민의 권리, 이익의 실현을 꾀하고 있다.

이와 같이 소비자 상담창구는 여러 가지가 있지만, 모두 소비자 트러블을 용이하게, 신속하게, 소액과 무료로 해결하기 위한 시스템이다. 더욱이 법에 의한 분쟁해결을 용이하게 하기 위하여 종합법률지원법이 2004년 6월에 공포·시행되었고, 2006년 10월에는 일본사법지원센터가 발족되어 법에 의한 분쟁해결의 방법을 안내하고 있다. 소비자에게는 고충처리, 분쟁해결 방법의 선택 기회가 확대되었고, 그에 대한 이용 정보도 준비되어 있는 상태이다.

3. 소비자 상담의 역할

다음은 소비자 상담이 미치는 효과, 역할에 대해서 관계 주체별로 생각해보자.

① 소비자에 대해서

소비자 정보의 제공

소비자로부터 문의, 고충, 요망의 행동이 있을 경우, 우선 그에 대하여 정보를 제공한다. 개개의 소비자는 다량의 상품과 서비스를 소량씩 소비하여 생활을 영위하고 있기 때문에 상품에 대한 충분한 지식을 가지고 있지 않으며 고충의 해결, 피해 회복을 위한 지식과 수단도 가지고 있지 않은 것이 보통이다. 그래서 소비자의 설명, 요망사항을 충분히 듣고 우선 관련 정보를 제공하는 것에서부터 시작한다. 소비자의 문의사항은 여기서 종료되지만, 고충의 경우에는 다음 단계로 넘어간다.

소비자 고충의 해결과 피해의 구제

소비자가 고충을 호소할 경우에는 그 이유를 들어보고, 관련 사항을 조사하여, 고충 내용의 해소에 최선을 다해야 한다. 소비자기본법이 말해주듯이 소비자에게는 고충이 적절하고도 신속하게 처리되고, 피해를 적절하고도 신속하게 구제받을 권리가 있기 때문에 소비자 상담 가운데 이 측면의 비중이 가장 높다. 이 경우의 상담은, 해결 수단으로서 최초의 단계로 상대교섭, 알선을 이끈다. 그러나 이 단계를 거쳐도 해결에 도달하지 못할 경우에는 중재와 소송 등 법적 수단을 생각하게 된다.

소비자 학습 기회의 제공

소비자는 상담에 의해 다면적인 정보를 얻고, 상품과 서비스에 대한 지식을 깊게 하며, 자신의 주장을 전개하는 가운데 자주적·합리적인 사고와 태도를 몸에 익히게 된다. 소비자 상담은 개별적, 능동적인 소비자 학습의 기회를 제공하는 것이다.

② 사업자에 대해서

상품과 서비스에 대한 소비자 의향의 파악

통상적으로 사업자는 시장조사 등으로 소비자 의향을 파악하여 생산과 판매에 이용하지만, 소비자 상담은 우연히 모이는 상품과 서비스에 대한 문제제기이다. 소비자의 생생한 소리를 파악할 수 있고, 양적·질적 경향이 여기에서 여실히 나타난다. 또한 그에 대한 취급이 소비자 심리에 커다란 영향을 주고, 사내에 전달되면 조직에도 영향력을 미친다. 사업자에게 소비자 상담은 사업활동의 센서가 되고, 정보 활용의 기회가 된다.

상품과 서비스 제공 시스템의 개선

소비자 상담에 대한 직접대응이 상품과 서비스의 개선과 연결되는 경우가 많다. 특히 신제품, 신서비스에 대한 문의, 고충, 요망은 그 개선에 크게 공헌한다. 문제의 해결은 사업자의 책무로, 대량판매에 의한 고충·피해 확대의 가능성도 고려해야 한다. 상품과 서비스, 그리고 제공 시스템의 개선에 관하여 기업의 사회적 책임, 법률 준수 compliance 등을 자각하여 대응하는 것은 현대사회의 원칙이다. 이 점에 대해 JAS Q 10002; 2005품질경영·고객만족·조직에 있어서의 고충대응을 위한 지침에서는 경영 시스템에 중점을 두고 최고경영자의 책임, 고충 대응 관리책임을 명기하였다. 조직으로서의 대응이 소비자의 신뢰를 획득한다.

③ 행정에 대해서

개별 상품·서비스에 관한 문제점의 파악

소비자 상담에서 고충과 요망을 접수한 경우 현품 조사와 청취로 개별 상품 및 서비스의 문제점이 파악된다. 동시에 관련 법규가 검토되고, 위반의 유무가 판명된다. 그래서 이 사실을 근거로 하여 해당 상품과 서비스에 대해 개별의 문제로서 해결을 도모한다. 또한 고충 테스트를 실시하여 소비생활 데이터베이스에서 동종의 고충을 파악하고, 동종의 상품·서비스의 개선을 꾀하는 것도 필요하다. 결과에 따라 사업자에게 요망하거나 관할 관청에 제언할 수도 있다.

소비자 정책에 시사

소비자기본법에서 국민생활센터의 위상은 명확해졌다. 물론 지금까지도 소비생활 정보와 위해 정보 등의 축적, 그것에 입각한 경계 정보, 소비자 정보 제공 등 각지의 소비생활센터와 연계하여 광역적으로 문제해결이 도모되고 있었지만, 법에 의해 그 역할이 명확해진 것이다. 국민생활센터가 국가와 지방공공단체의 관계 기관 및 소비자 단체와 연계하여 국민의 소비생활에 관한 정보의 수집과 제공, 사업자와 소비자 사이에서 발생하는 고충처리를 위한 알선과 해당 고충에 관한 상담, 소비자로부터 상담이 들어온 상품에 대한 시험·검사 등과 서비스에 대한 조사연구, 소비자 계발 및 교육 등에 있어서 중핵적인 기관으로서 적극적인 역할을 다해야 한다는 것이다. 이것이 소비자 정책의 방향과 개선의 방책을 시사한다. 소관하는 내각부를 통하여 각 기관과 관련하여 소비자를 지원하는 것이다. 중앙정부, 지방자치단체의 정책 결정 시 활용되는 것은 물론이다.

소비자 상담의 현황

공적기관에 의한 소비자 상담을 중심으로 그 현황를 살펴보기로 하자.

1. 국민생활센터 및 소비생활센터 등

국민생활센터에 의하면, 2006년 7월 14일 현재, 전국의 소비생활센터 수는 529개소라고 한다. 그리고 거기서 발행하는 《소비생활연보 2005》에 의하면, 표 13-1에서 보는 바와 같이 2004년도에 지방자치단체 소비생활센터 등의 상담창구와 국민생활센터의 상담조사부에서 접수한 상담 건수는 222만6,413건이다.

이 상담 건수는 1998년도부터 전년도 대비 10%를 넘는 추세로 증가하여, 2003년도에는 66.4%의 증가율을 나타냈고, 2004년도에는 약

223만 건이나 되었다. 이러한 증가의 이유는 전국 소비생활 네트워크 시스템PIO-NET에서 분석이 가능해졌기 때문이기도 하다. 또 주로 사기나 가공 청구예를 들어 보이스 피싱 등 부당 청구에 관한 상담이 급증하였다. PIO-NET는 국민생활센터의 호스트 컴퓨터와 전국 소비생활센터에 설치된 단말기를 연결하는 데이터베이스인데, 소비생활 상담 정보에는 위해 정보가 포함되어 있고, 그 외 소비자 판례 정보, 상품 테스트 정보도 들어 있다. 소비생활 상담 정보는 전국의 소비생활센터가 접수한 상담 가운데 주로 고충 정보가 수집되며, 소비생활 상담의 추이와 경향을 파악할 수 있다. 이 PIO-NET에는 2004년도에만 약 183만 건의 상담 정보가 등록되었고, 1984년도의 운영 개시 이래 2005년 5월 말까지의 누계 건수는 약 905만 건에 달한다고 한다. 상담이 많았던 2004년도의 상담 내용을 살펴보면 휴대전화와 전화기·팩시밀리에 의한 전화정보 서비스가 약 81만 건에 해당하고 다음으로 온라인 관련 서비스, 세 번째로는 봉급자를 대상으로 하는 금융과 무담보·무보증 소액융자에 관한 상담 건수가 많았다. 이는 정보 관련을 포함한 운수·통신 서비스와 다중다액채무가 포함된 금융·보험 서비스의 증가 추세와 맞물리는 것으로서, 서비스 분야가 약 80%를 차지하는 상담의 서비스화 경향을 나타내고 있다.

〈표 13-1〉 전국 소비생활 상담 통계―기관별 건수의 추이

연도별	소비생활센터	국민생활센터	소비자 단체	합계	전년비 증가율
1975	127,435	4,554	14,470	146,459	–
1980	176,662	5,381	12,975	195,018	6.4
1985	366,424	6,367	3,611	377,135	16.3
1990	331,859	5,969	4,017	342,601	-4.1
1995	499,857	6,944	3,765	510,566	13.9
2000	748,954	8,137	–	757,091	10.6
2001	874,528	9,299	–	833,827	16.7
2002	1,040,026	8,314	–	1,048,340	18.6
2003	1,735,445	9,177	–	1,744,622	66.4
2004	2,217,502	8,911	–	2,226,413	27.6

출처: 소비생활연보 2005, 독립행정법인 국민생활센터

2. 중앙정부의 소비자 상담 등

정부 부처에도 각각 소관하는 정책에 관한 상담창구가 있다. 그것은 모두 사업자 활동의 적정화를 위한 자료가 되어, 직접적으로 정책에 반영된다. 농림수산성, 경제산업성, 국토교통성, 내각부, 금융청, 경찰청에 각각 상담창구가 있다. 또한 법무성 관련 창구에서는 법에 의한 분쟁해결에 필요한 정보와 서비스를 제공한다. 일본 사법지원센터가 2006년 10월부터 업무를 개시하였고, 재단법인 법률부조협회가 법률부조제도 이용의 상담에 응하고 있다.

3. NPO, 소비자 단체에 의한 소비자 상담

독일에서 소비자센터라고 불리는 것은 거의 다 공적기관의 보조금으로 운영되고 있는 소비자 단체이다. 일본에서는 지방자치법의 개정으로 2003년 9월부터 '지정관리자제도'에 의해 공공시설의 운영관리를 민간기업과 비영리조직[NPO]에도 위임할 수 있게 되었다. 이리하여 공공시설에서 소비자 단체가 소비자 상담을 실시하는 경우도 있다[북해도, 요코하마 시 등].

소비자 단체에 있어서의 소비자 상담 건수는 1995년까지는 '전국소비생활 상담 통계'에도 게재되었지만, 계속해서 감소하고 있다. 그 후 전문적 지식을 살린 소비자 단체, NPO 법인에 의한 소비자 상담이 실시되어 사단법인 전국소비생활상담원협회, 재단법인 일본소비자협회, 사단법인 일본소비생활어드바이저 · 컨설턴트협회 등이 소비자의 상담을 직접 받고 있다. 공적기관의 손이 닿지 않는 주말에 일어난 문제, '금융상품 110번'이라는 피해가 다발하고 있는 문제, 또한 단체의 활동 테마에 관해 집중적으로 상담을 접수하고 있다.

소비자 단체와 NPO 법인이 소비자 상담을 행하는 것은 활동의 방향을 제시하고, 단체소송제도를 위한 기초를 닦기 위한 것이다. 그렇기 때문에 지정관리자제도에 의한 운영관리의 경우도, 일정한 룰을 가지고 상담 정보를 활용할 수 있도록 하는 것이 바람직하다. 또한 기업의 소비자 상담창구에 대한 현황은 9장을 참조하기 바란다.

소비자 상담에 대한 대응

소비자 상담에 대한 대응에는, 조직으로서의 흐름이 있다. 공적기관의 예를 보자.

소비생활센터 등에서의 상담에 대한 대응은 전국 소비생활 정보 네트워크PIO-NET의 연계도 있어, 거의 동일한 흐름을 나타내고 있다.

다음에 기술하는 것은 도쿄 소비생활종합센터가 관계 기관에 배포한 「소비생활 상담 매뉴얼」을 참고로 한 소비 상담 대응의 큰 줄기이다.

소비자 상담 대응의 순서는 먼저 상담자의 범위와 상담의 영역을 특정하고, 소비생활 상담의 처리기준을 정하며, 피해 구제·행정규제에 대한 수속을 밟고, 상담의 취급과 정보 활용을 위하여 상담 정보를 관리하고 제공하는 것이다. 이 매뉴얼은 도쿄에서 공통적으로 이용된다. 이 자료를 참고로 상담처리의 흐름을 일반화하여 기술한다.

1. 상담의 초기 대응

소비생활센터 등에서의 상담은 전화를 중심으로 내방, 서면 편지와 메일 등의 통신수단에 의해서 이루어진다. 여기서는 상담자와의 관계에 따라 분류해서 생각해보기로 한다. 일반적으로 상담에 대한 대응은 ❶정보제공문의 등에 대한 대응, ❷조언·자주교섭고충 등에 대한 대응, ❸타기관 소개해당 상담창구 범위 밖의 문의 등에 대한 대응, ❹상담창구에 의한 알선다수의 동종 고충·난해 사례 등으로 자주교섭이 곤란한 것의 네 종류로 분류할 수 있는데, 각각의 주의점과 해야 할 일이 있다. 여기서는 초기 대응을 중심으로 기술한다.

① 정보 제공

주로 문의에 대한 대응으로, 질문에 관해서 정확한 정보를 제공한다. 그 수순은 질문 내용을 편견 없이 충분히 들을 것, 자료를 확인할 것팩스, 우송, 메일 등에 의함, 그리고 대답이다. 자료 등의 확인에 의해 추가가 필요한 경우도 있다. 이 대응을 신속하고도 적절히 하기 위해서는 부단한 연수와 자료수집, 또한 신자료 입수와 정보의 경신이 필요하다.

② 조언, 자주교섭

고충이 접수됐을 때 쿨링오프Cooling Off의 통지와 미성년자에 의한 계약취소 등, 정보를 제공하고 나서 자주교섭을 진행할 때도 있다. 소비자의 자립 원조의 입장에서는, 가장 효과적이면서 실질적으로 소비자 교육을 실행할 수 있는 경우이다. 이 경우, 사업자와의 교섭을 위해 정보 제공은 정확하게, 더욱이 이해하기 쉽게 표현하지 않으면 안 된다. 또한 자주교섭에서 해결이 잘 안되는 경우의 주의도 잊어서는 안된다.

③ 타기관 소개

상담 내용이 예를 들어 가족 간의 문제, 교통사고 문제 등 창구의 범위 외 문제인 경우, 동일 행정 내의 창구 혹은 타기관을 소개해주게 된다. 이 경우에는 가능한 범위에서 모든 정보를 제공한 후, 타기관 소개의 이유를 명확하게 전달하고, 소개를 해주도록 한다. 또한 소위 말하는 '대야 돌리기'식으로 서로 기피하여 돌리지 않도록, 상담 이력도 들을 필요가 있다.

④ 알선

소비자 피해의 구제에는 이 대응이 가장 중요하다. 상담 내용을 확인할 수 있는 자료의 입수, 계약 내용의 서면에 의한 확인은 반드시 필요하다. 또한 동종 판매 방법, 동일 사업자의 고충을 검색하고, 관계 법령도 확인한다. 최근에는 법령의 지정 범위 외를 대상으로 하거나, 혹

은 소규모 사업자와 직업 알선과 연관하여 판매하는 등 법망을 빠져나
가는 사례가 많다. 명확하게 위법이라고는 할 수 없는 경우라도 상담자
의 지적으로 정당성이 보여지기 때문에 센서에 반응하는 사례이다. 이
와 같은 피해의 싹틈이 곧 문제 사례로서 널리 인식된 예도 있다.

2. 알선에서 피해 구제로

소비자가 사업자와의 사이에서 직접교섭을 해도
해결이 되지 않는 경우 등에 알선을 행한다. 사업자 창구의 담당자에
게 소비생활센터에 상담자로부터 상담이 들어와 있다는 것, 계약의 내
용, 고충의 포인트 등을 전달하고 사업자의 인식과 현상을 청취하여
해결의 실마리를 찾는 것이다. 많은 경우 개별의 해결에 대해서 의논
함과 동시에 동종 사례의 조사 결과, 법령 관련의 문제점, 구조적인 문
제점도 제시한다. 그 결과 상대방의 사실 확인을 하고 판단이 서면, 상
담자와 사업자의 의사소통, 수속 등이 추진되도록 한다.

소비생활센터로서 대처하는 이상 통일된 견해와 처리방침에 따르
는 것은 물론 새로운 사례와 난해한 사례에 대해서는 전문가의 견해를
구하고 판단 재료로 삼는 것도 필수적이다. 최종 단계로서, 사업자로
부터 제시된 해결 내용에 대해 양보는 있고 상담자가 납득할 수 있는
해결이 없다면, '해결 완료'로 한다. 그러나 쌍방의 양보가 없는 '알선

불능'이 된 경우는, 법적 수속에 의한 방법, 피해자 모임 등 집단적 교섭의 방법에 대해 알려준다. 또한 고충처리위원회, 피해구제위원회 등에서 검토하는 방법도 있다.

고충처리위원회 등은 국민생할센터를 비롯하여 각 소비생활센터에 설치되어 있다. 각각의 조례와 규정에 따라, 받아들일 수밖에 없는 분쟁의 사례도 「다른 사람에게 동일 또는 동종의 원인에 의한 피해자가 다수 존재하는 등, 피해가 광범위하게 미칠 때나 또는 미칠 우려가 있을 경우」 등과 같이 규정되어 있다.

3. 상담의 기록

상담의 경과는 각 창구가 정하는 방법에 따라 상담 카드에 기록된다. 이 기록은 조직으로서는 상담의 중요 자료이고, 또한 상담자에게 있어서는 보호받아야만 하는 개인정보이기도 하다. 그렇기 때문에 정해진 서식과 코드 분류, 모든 수속 등 시간과 노력을 요하는 업무이다.

상담 카드의 서식은 각 소비생할센터에서 규정하고 있지만, 도쿄의 메코니스, 국민생활센터의 파이오네트 등 소비생활 상담의 데이터베이스가 형성되어 있기 때문에, 주요 부분은 공통의 룰에 따른다. 예를 들어 식료품이나 금융·보험 서비스 등의 '상품별 분류', 안전과 위생·품질·기능·서비스 품질 등의 '내용별 분류', 문제파악에 필요한 '키워드' 등을 작성하도록 되어 있다. 입력 방법은 당일에 컴퓨터에 입력하는 것인데, 부담을 경감하는 것과 직결되는 방향이지만 정보처리 능력도 요구되고 있다.

소비생활
어드바이저의 역할

소비자 상담에서 소비생활 어드바이저는 어떤 역할을 가지는 것일까?

1. 소비자의 입장, 상담 내용의 파악과 대응

소비자가 상담을 하려고 할 때는 무엇인가 문제를 제기하여 납득할 수 있는 해결을 기대하는 것이다. 이것에 대응하는 것이 상담 담당자의 사명이다.

그렇기 때문에 무엇보다 선입관을 버리고 소비자의 문제를 듣는 것이 중요하다. 청취할 때는 먼저 질문 내용과 설명을 청취하고, 그 주된 취지가 명확해졌을 때는 계속하여 정리하고, 계약 연월일과 계약 내용 그리고 고충 내용 및 문제점 등을 청취한다.

두 번째, 계속해서 긴장감을 가지고 따뜻하게 대응하도록 항상 주

의한다. 상담 담당자는 항상 바쁘게 쫓기는 입장에 있어 늘 스트레스를 안고 있는 상태이다. 따라서 대응이 사무적이기도 하고, 험악하게 되기도 한다. 그러나 성의를 가지고 대응하고, 마음으로부터의 감사를 표할 때는 이러한 기쁨은 그 무엇과도 바꿀 수 없다.

세 번째로 중요한 것은 사회적 환경에서의 상담자와 상담의 위치 파악이다. 소비자 문제의 배경에는 사업자와 소비자 간에 정보의 격차가 존재하고 교섭력의 격차도 존재함을 이해한다. 그리고 한 건의 상담 및 고충의 배후에는 동종의 문제가 다수가 존재한다는 것을 인식하고, 그 상담 결과를 사업자는 경보로, 소비자는 정보로서 활용하게 될 것을 염두에 둔다. 이러한 자세는 소비자 상담 담당자로서 항상 인식해야 하는 부분이다.

2. 어드바이저의 심리적 · 교육적 역할

소비자에 대한 어드바이스는 카운슬링 지식과 기술을 응용하는 경우도 있다. 카운슬링은 '개인이 가진 고민과 문제를 해결하기 위해 정신의학 · 심리학 등의 입장에서 협력하여 조언을 주는 것'이다. 대상 분야는 다르지만 대응 과정에서는 카운슬러가 가진 지식과 기술, 그리고 카운슬러의 기본적인 태도와 윤리성을 참고해야 한다. 이 분야에서 기본원리가 되는 인간존중, 있는 그대로를 받아들이는 수용성, 상담자의 자기결정, 비밀 유지, 자원의 활용 등은 소비자 상담에도 그대로 응용될 수 있다. 어드바이저는 무의식 가운데 심리적 영향을 주고, 교육적 효과를 발휘한다. 상담자의 인간에 대한 자세, 사회생활, 소비자 문제에 대한 자세가 저절로 반영된다. 상담자가 어드바이스를 하는 것은 결국 전인적인 대응인 것이다.

3. 생활 관리 · 생활 설계에서의 위치

소비생활 어드바이스는 소비생활에 대한 조언이다. 예를 들면 쇼핑 상담에서 통상적으로 요구되는 것은 품질, 성능 등의 선택에 관한 정보이다. 그러나 뛰어난 제품을 모두 구입해야만 하는 것이 아니고, 최종적으로는 생활에서 균형과 필요도를 고려해야 할 것이다. 다중다액 채무와 관련해서 최근에는 이러한 의식도 받아들여지게 되었지만, 소비생활의 어드바이스를 하는 이상 기본적으로 생활 관리에 대한 의식이 존재하지 않으면 안 된다. 그것은 반드시 표면으로 나타나는 것은 아니지만 밑바닥에 깔려 있어야 하는 것이다. 정확한 정보를 제공하기 위해, 생활 관리에 대한 의식을 확실히해야 한다.

소비자 어드바이스에 관해 법적으로는 조정, 중재, 또는 중개라는 방법이 있다. 중개는 구미에서 먼저 보급되었지만, 국가마다 차이도 있다. ADR이 보급됨에 따라 그 연구도 진행될 것이다.

소비자 상담에의
종사

1. 소비자 상담 종사자의 자격

지금까지도 상담 종사자의 자격에 대해 말해왔지만 여기서 정리를 하자면 휴머니티^{Humanity}, 볼런티어^{Volunteer} 정신, 탐구심, 운동성을 들 수 있을 것이다.

휴머니티는 대인관계에 무게를 둔 일이라는 점에서, 인간에 대한 관심과 인간애를 가질 것을 요구하는 것이다. 볼런티어 정신이란 일에 대한 보수는 있지만 자발적으로 소비자의 권리의 존중·자립의 지원에 대한 보람을 느끼면서 일할 것을 요구한다. 탐구심은 질문, 고충 등이 제기되었을 때 미지의 문제와 분야에 강한 관심을 가지며 많은 정보로부터 결론을 도출하여 그것을 정확하게 전달할 수 있는 능력이라 말할 수 있다. 그리고 운동성은 소비자의 의향이 기업이 목표로 하는 궁극적인 이익 향상과 상반되는 일이 있을 수 있기 때문에 소비자 문제의 본질을 이해하고, 소비자의 권리 존중과 소비자 지원의 자세를 가질 것을 의미하는 것이다. 물론 기업도 사회적 책임을 염두에 두고 새로운 기업인의 자세를 견지할 필요가 있다.

2. 상담을 위한 정보 수집

정보 수집은 끊임없이 계속되지 않으면 안 된다. 소비자 상담 자격을 얻기 위한 강좌와 자격시험은 최소한의 조건이고 여기에 날마다 새롭게, 보다 전문적인 정보를 더해가야 한다. 전문강좌를 듣고, 전문가 단체에 소속되고, 소비생활센터의 강좌나 출판물로부터 정보를 수집한다. 또한 사회 정세를 알기 위해 신문·TV·라디오·잡지 등과 수시로 접촉해야 하고, 특히 상담에 임하는 당일에는 이러한 정보매체를 반드시 훑어보아야 하며, 최근에는 인터넷을 통한 정보 수집도 매우 좋은 수단이 되고 있다. 국민생활센터가 발행하는 〈생활 NEW NET 매거진〉은 중요한 정보가 조직적으로 다루어지고 있어 유익한 정보원이 된다. 또한 관련 단체인 각 지역 변호사회, 소비자 단체, 사업자 단체로부터의 정보도 빼놓을 수 없다. 관계 법례는, 내각부 국민생활국을 비롯하여 각 성청의 법령 해설서가 참고가 된다. 각 소비생활센터의 자료실을 이용하는 것도 매우 유용하며, 정보원에 정통할 것도 요구된다.

소비자 상담에 종사하기 위해서는, 본래의 자질에 더하여, 광범위한 상담에 대응할 수 있는 지식과 경험이 필요하다. 이러한 인재 양성을 위해 각 기관은 수료자와 시험 합격자가 들어야 하는 강좌를 준비하고 있다. 시대 배경, 주된 업무범위 등으로부터, 몇 가지의 자격이 준비되어 있다. 주된 자격을 소개한다.

① 소비생활 컨설턴트 양성 강좌 수료자 제도

재단법인 일본소비자협회가 1962년 이래 소비자 리더와 소비자 문제의 전문가로서 소비생활 컨설턴트를 양성하고 있고, 그들은 각 분야에서 전문가로서의 역할을 다하고 있다. 강좌는 기본적인 사고방식과 전문지식의 습득 외에 실천·실무에 중점을 둔 강좌도 실시되고 있다.

② 소비생활 어드바이저 자격인증 제도

재단법인 일본산업협회가 1980년도 이래 매년 1회 소비생활 어드바이저 시험을 실시하고 있고, 이 시험에 합격한 사람은 제조업·서비스업 등의 산업 분야와 국가 및 지방공공단체 등에서 소비자 상담, 상품기획과 개발, 소비자 계발, 조사연구 등에 종사하게 된다.

③ 소비생활 상담원 강좌 수료자 제도

국민생활센터가 지방자치단체의 소비생활 상담 종사자의 양성을 목적으로 기본적·실무적 지식과 기법의 습득을 내용으로 한 강좌를 개설하고 있다. 강좌는 이론 코스와 실천 코스로 나누어 실시하고, 그 후에는 종료시험이 치러진다.

④ 소비생활 전문 상담원 자격인정제도

제23회 소비자보호회의1990년 12월에서 상담 업무와 관련된 공적 자격 제도의 창설이 결정되어, 국민생활센터가 경제기획청 장관의 인가를 얻어 1991년도부터 실시되고 있다. 현재는 내각 총리대신의 인가 사업이 되어 있다.

이상 몇 가지의 자격이 병립하고 있지만, 상담 종사자 또는 상담업무를 원하는 사람은 관련 분야의 일반적인 지식 수준은 물론 자기 나름대로의 전문 분야를 가져야 하고, 그리고 높은 수준의 정보를 스스로 발신할 수 있어야 한다.

part 14

사회에서의 소비자 교육

이 장에서는 사회에서의 소비자 계발, 소비자 교육의 사례를 참조하여 기업이 어떻게 소비자 계발, 소비자 교육과 연관되어 있으며 향후 어떻게 해야 할 것인가를 검토한다.

컴퓨터와 인터넷의 보급에 따라 정보기술[7]을 능숙하게 잘 다룰 수 있는 사람과 그러지 못하는 사람 간에 대우나 빈부, 기회 등 여러 가지 면에서 격차가 생기는 정보격차Digital Devide의 문제가 확대되고 있다. 이러한 상황 하에서 최근의 소비자를 둘러싼 문제들은 상품 그 자체보다도 통신 서비스나 판매 방법, 계약과 해약 등 서비스와 관련된 것이 증가하고 있다. 특히 최근 문제가 되고 있는 것은 정보 서비스의 가공 청구와 각종 금융상품, 인터넷 거래와 관련된 것들이다. 그 배경으로는 어린 자녀 및 고령 인구에 대한 관심 확대, 고도 정보화, 국제화의 진전이라고 하는 사회 변화와 구조개혁으로서의 규제 완화가 진행되는 가운데 소비자를 둘러싼 생활환경이 급격하게 변화하고 있다는 점을 들 수 있다.

이러한 새로운 소비자 문제에 대응하기 위해서는 지금까지와 같은 사업자에 대한 사전규제를 중심으로 한 행정수법만으로는 부족하며, 소비자 자신이 자립하여 자기책임을 질 수 있는 주체가 되지 않으면 안 된다. 그에 대한 지원으로서 전 생애에 걸친 사회교육으로서의 소비자 교육이 지금보다 더 한층 중요해질 것으로 사료된다.

소비자 교육의 의의

소비자 교육의 의의에 대해서 그 사회적, 경제적 배경부터 생각해 보자.

1. 소비자 교육이 필요한 사회적·경제적 배경

생산과 소비가 분리되고, 생활에 필요한 것 모두가 상품화된 사회에서 살기 위해서는 적절한 소비행동을 취하는 것이 중요하다. 그렇지만 새로운 과학기술의 발달에 의해 상품은 복잡해지고 품질과 가격, 거래 조건 등 모든 걸 다 파악하기는 힘들게 되었다. 또한 상품의 판매 방법도 변화하여, 방문판매와 텔레비전 홈쇼핑, 인터넷을 이용한 전자상거래 등의 문제가 증가하고 있다. 상품을 매개하는 수단도 캐시리스Cashless화되어 다중채무자의 문제 등 금전과 관련한 심각한 문제가 쉽게 발생하게 되었다.

급속하게 변화하고 있는 경제사회를 살아가기 위해서는 소비자 자신이 보호받는 존재가 아닌 경제사회의 주체가 될 것이 요구된다. 그를 위한 소비자 교육은 모든 사람들에게 필수적이기 때문에 학교 교육에서뿐만 아니라 지역, 직장, 사회 등 여러 곳에서 다양한 형태의 소비자 학습 기회가 제공될 필요가 있다.

2. 일본의 소비자 교육의 전개

일본에서는 1950년대에 접어들면서 발생한 모리나가 비소 분유 사건1955년과 살리도마이드 사건1962년, 가짜 쇠고기 통조림 사건1960년을 계기로 소비자 문제에 대한 관심이 높아져, 1968년 5월에 소비자보호기본법이 성립하였다. 이 법은 소비자 이익의 옹호 및 증진에 관한 국가·지방공공단체 및 사업자의 책무를 명확하게 함과 동시에, 소비생활에 관한 지식을 습득하는 소비자의 역할을 기대하여 국가가 소비자 교육을 담당할 책무가 있다는 것을 명시하고 있다. 그러나 소비자보호기본법을 기반으로 하는 사전규제를 중심으로 한 행정수단만으로는 지금의 새로운 소비자 문제에 대응하는 것이 곤란해졌다. 따라서 소비자 행정에 시장 메커니즘을 활용하여, 소비자의 정의부터 '보호받는 자'에서 '자립하는 주체'로 전환하였다. 2000년의 소비자계약법의 성립을 시발로 하여 소비자 관련법의 정비가 추진되어, 2004년에는 소비자기본법이 성립되었다. 이러한 법률은「소비자가 안전하게 생활하고 필요한 정보를 얻어서 적절한 선택을 하는 것」등을 소비자의 '권리'로 두고 있다. 소비자가 스스로 권리를 인식하여 바르게 행사하기 위해서는 소비자 교육의 역할이 앞으로 더욱더 중요해질 것이다.

소비자 교육의 현황

일본의 소비자 교육은 학교와 행정, 소비자 단체, 기업이라는 사회의 각 장場에서 어떻게 이루어지고 있을까?

1. 학교 교육의 현황과 문제점

일본의 소비자 교육이 학교 교육에 도입된 것은 1968년부터였다. 현재 가정과와 사회과를 비롯한 각 교과와 '종합 학습시간'에서 발달 단계에 따른 소비자 교육을 실시하도록 되어 있다.

그러나 이에 대해 다니무라 씨는 현장 교사의 목소리를 요약하여 「학교 소비자 교육에 있어서의 계통적인 교육 내용이 확립되어 있지 않고」「눈앞의 소비자 문제에만 눈을 돌리는 수업이 많다」고 지적한다.

각 교과 간에 연계가 되어 있지 않고, 또한 충분한 시간을 낼 수도 없다는 것이 현실이다. 여러 가지의 「제약조건을 없앤 학교 소비자 교육체계의 확립, 나아가 그것을 포섭하는 생애학습으로서의 소비자 교육체계」의 구축이 요구되며, 그를 위해서는 「정보와 인적 네트워크의 구축, 그것을 기반으로 한 교육내용의 분담이 불가피」하고, 「지금까지 학교 교육에서 행해지고 있던 영역의 일부는 본래 담당하기에 적합한 사회 교육 등에 돌릴 것」을 다니무라 씨는 제안하고 있다.

1998년, 1999년의 개정에 의해 초등학교에서 고등학교까지 설치된 '종합학습시간'의 활용으로, 가정과 지역사회와의 연계를 꾀하며 소비자 문제에 대처하는 것이 가능하리라 기대된다. 또한 2001년도의 내각부 「학교에서의 소비자 교육 실태조사」 결과를 보면, 소비자 교육을 실시하고 있지 않은 이유로 '시간적 여유가 없다' 지도하기 위한 연수를 받지 못했다' 등을 들고 있다.

특히 지도에 대해서는, 학생용 교재와 교사용 자료집·설명서, 기업으로부터의 정보와 자료 제공 등 교재 자료에 관한 요망이 많이 제기됨과 동시에 소비자 교육을 담당할 수 있는 교원의 양성도 요구되고 있다.

① 소비자 행정에 의한 소비자 교육

국가와 지방자치단체의 국민생활센터를 비롯한 소비자 행정에 의한 소비자 교육이 감당해온 역할은 매우 크다. 현재 국가의 체계로서는 내각부에 의한 매스컴을 통한 정보 제공, 국민생활센터를 통한 정보 제공 등이 있다. 또한 고령자를 중심으로 한 상담회 등에 강사파견을 실시하고 있다. 다른 정부기관도 인쇄매체와 홈페이지에 의한 정보 제공, 강사 파견 등으로 소비자 교육에 대응하고 있다.

지방자치단체의 체계로서는 일반 소비자를 대상으로 하는 '소비자 교육 강좌'가 주로 전개되고 있다. 소비생활센터가 소비자 교육의 담당기관이 되어 있어, 2005년 2월 현재 전국 498개소에 소비생활센터가 설치되어 있다. '모으는 강좌'에 대한 요구가 높기 때문에, 소비생활센터를 위시한 각 관련 단체에서도 강사 파견 사업을 의욕적으로 벌이고 있다. 학교의 종합학습시간 수업에 외부 전문가와 지역주민이 강사로서 참여하는 기회도 증가하고 있다. 소비생활센터가 파견하고 있는 강사는 주로 직원, 전문가, 지역 리더 등으로 자치회나 지역주민회가 주최하는 고령자와 지역주민을 위한 집회에 파견하는 일이 많다.

② NPO로서의 소비자 단체에 의한 소비자 교육

내각부가 2002년에 실시한 앙케이트에 의하면, 소비자 단체들은

'주체적 소비자 만들기'를 목표로 적극적으로 소비자 교육을 추진하고 있다고 한다. 여기서는 최근의 소비자 단체의 활동에 대해 살펴보기로 한다. 최근 몇 년간, NPO 법인자격을 취득하는 소비자 단체와 소비자 활동을 전개하는 시민활동 단체가 늘고 있고, 2003년 5월 1일에 개정된 NPO법 시행 이후 「소비자의 보호를 도모하는 활동」을 정관에 기재하고 있는 NPO 법인 수는 533개2004년 9월 현재에 달한다.

법인자격의 취득 목적은 소비자단체소송제도의 도입 시 단체소송의 밑받침이 됨과 동시에, 행정과의 파트너십을 구축하는 것이다. 넉넉지 못한 재정 상황에서 소비생활센터의 업무를 민간단체에 위탁하는 움직임도 보이고 있다.

개정된 NPO법의 활동 분야에 「소비자 보호를 도모하는 활동」이 명기되어 있다.

NPO 조직에서는 소비자 문제에 대응하는 연구자, 변호사, 소비생활 어드바이저, 소비생활 상담원 등의 소비자 문제 전문가가 가담하여 강습회, 세미나, 사례 검토회, 연수회, 학교 출장 강좌 등을 빈번하게 실시하고 있다. 소비자 정보의 제공, 소비자 계발, 소비자 교육 등은 NPO의 전문적인 활동 분야이기 때문에 소비자 문제에서의 그 역할은 앞으로도 더욱더 커질 것이다.

③ 기업에서의 소비자 교육

기업은 소비자에 대한 정보를 최대한으로 보내는 역할을 하고 있다. 최근에는 광고나 선전뿐만 아니라 소비자 교육과 소비자 계발 활동에도 열심인 기업이 늘어나고 있다. 소비자 계발이란 소비자에게 관심을 돌리는 것을 목적으로 대중매체와 팸플릿, 책자, 강연 등 여러 가지의 매체를 이용하여 정보를 제공하는 것이다. 또한 소비자 교육은 프로그램화된 교육 내용과 방법, 스케줄로 학교 교육과 시민강좌 등에서 체계적으로 실시되고 있는 것이다. 그러나 기업에서 실시하는 정보 제공은 양자 중 어느 쪽인지 구별할 수 없는 경우도 많아 소비자 계발·소비자 교육이라는 말을 쓸 경우도 있다. 과거에는 기업에 있어서 소비자 교육이라고 일컬을 수 있는 체계적, 교육적인 과정은 불가능하다거나 반드시 해야 하는 것은 아니라는 생각이 많아 소비자 계발 쪽에 중점을 두어왔다. 그러나 최근에 와서는 기업의 상품에 대한 전문적인 정보를 활용하여 자치단체나 학교와의 연계를 통해 프로그램화된 내용, 방법, 일정으로 소비자 교육을 체계적으로 실시하는 실험도 계속되고 있다. 기업은 자사의 사업영역에 있어서는 전문성이 높은 풍부한 정보를 가지고 있어 소비자 교육의 일단을 책임지는 주체로서 기대가 된다.

도쿄 소비생활종합센터의 조사[1999년]에 의하면, 도내의 상장기업 가운데 37.4%가 소비자 교육용 자료를 작성하고 있다. 이 중에는 학교 교육에서 활용할 것을 목적으로 만들어진 우수한 자료도 많다. 소비자 교육지원센터에서는 1997년부터 기업·업계 단체의 우수한 교재자료를 표창하는 '소비자 교육 교재 자료 표창제도'를 출범시켰다. 인쇄자료 교재, 시청각 교재, 실험·실습 교재, 홈페이지의 각 부분별로 표창되는 교재 자료는 교육 현장에 곧바로 활용할 수 있는 것이 매우 많다. 그러나 근년에 이르러 기업의 불상사 등으로 인하여, 기업에 대해 "판매 촉진을 위한 정보 제공에 그치고 있어, 기업 측으로서 불리한 정보를 제공하지 않게 되기 쉽다."라고 하는 불신감을 가진 소비자도 적지 않다.

〈표 14-1〉 기업·업계 단체가 작성한 소비자 교육의 교재·재료

제4회 소비자 교육 교재 자료 표창 우수작품		
인쇄자료부문	· 큐피 뉴스 · 이것으로 당신도 혼자 설 수 있다 ―자립을 위한 WORK BOOK― · ECO-COOKING NOTE (학생용,교사용) · 오늘도 밥으로 원기충만! · 생활의 안전 생활의 안심 만화세미나	· 큐피(주) · 금융홍보중앙위원회 · 동경가스(주) · 전국농업협동조합연합회 · (社)일본손해보험협회
시청각자료부문	· 다시마로부터 글루타민산(DVD) · 개인신용정보와 개인신용정보기관 ―크레디트의 보다 나은 이해를 위해― (POWER POINT)	· 아지노모토(주) · (주)씨.아이.씨
실험실습부문	LIFE CYCLE GAME	제일생명(주)
홈페이지부문	· 연금왕국 · 알기쉬운 EC법률입문 · 슈퍼메디아 퀴즈 · Panasonic World of Discovery 탐험 퀴즈	· 확정거출연금서비스(주) · 일본정보처리개발협회 · 전자상거래추진센터 · 동일본전신전화(주) · 마쓰시다 전기산업(주)

기업의
소비자 대응

기업의 사회적 책임의 하나로서 상품·서비스에 관한 정확하고도 투명도가 높은 정보 제공이 강하게 요구되고 있다. 기업이 소비자에 대해 어떻게 정보 발신을 하고, 소비자 교육에 관여하고 있는가에 대해 에너지 기업인 동경가스㈜의 사례를 소개함과 동시에 다른 몇 개 기업의 대응 체계에 대해서도 홈페이지로부터 살펴본다.

1. 소비자를 위해 발신하고 있는 정보

동경가스㈜가 소비자용으로 발신하고 있는 정보 가운데 상품·서비스에 관한 정보 제공, 학교 교육에 대한 자원으로서의 에너지·환경 교육, 동경가스도시생활연구소이하 도시생활연구소라 함의 연구 성과를 기초로 한 생활정보 발신에 대해서 소개한다.

① 정확하고도 투명도가 높은 상품·서비스 정보의 제공

기업이 소비자에 대한 마케팅·어프로치의 일환으로서 실시하고 있는 소비자 정보의 제공은, 광의의 개념으로서 소비자 교육에 포함된다고 해석된다.

상표 정보를 전달하는 매체 및 도구는 TV와 라디오를 통한 광고 및 선전, 신문기사 광고, 잡지의 특집기사 등의 대량 전달매체에 의한 것 외에 소책자와 팸플릿의 배포, 이벤트와 쇼룸에서의 상품 전시와 구두 설명, 세미나와 요리교실의 개최 등 여러 가지이다. 최근에는 홈페이지를 이용하여 충실한 정보 제공을 실시하도록 되어 있다.

동경가스(주)의 경우 가스 에너지를 사용하는 것이 풍요로운 문화생활을 실현한다는 메시지를 전달하는 것이 중요하기 때문에, 실현의 수단인 상품·서비스에 관한 정보는 소비자에게 발신하는 정보 가운데 핵심을 이룬다. 정보 내용은 상품 및 서비스의 기능, 품질, 성능, 능숙한 사용 방법, 광열비, 수리 방법, 각각에 대한 유리한 정보이다. 소비자는 전체적인 정보를 얻음으로써 합리적인 판단과 선택이 가능하다고 본다. A사의 우수 영업사원 몇 명에게 물어본 결과, 고객과 접할 때 가장 중요한 것은 '메리트 정보를 포함한 모든 정보를 제공하여 고객이 납득한 후에 상품과 서비스를 선택하게 하는 자세'라고 한다.

이러한 고객 대응이 소비자 '권리'의 실현으로 연결되고, 나아가서는 소비자의 주체 형성과 연결된다고 본다.

② 학교의 에너지·환경 교육에 대한 지원

에너지·환경 문제는 몇 세대에 걸친 문제여서 정부나 에너지 기업의 힘만으로 해결할 수 있는 것이 아니다. 무엇보다도 사람들의 이해와 컨센서스가 필요하고, 그것을 얻는 것은 에너지 인프라를 담당하는 기업의 책무일 것이다.

에너지·환경 교육의 지원 활동은, 어린이들이 '이해하고 받아들이도록' 혹은 그 기초를 제공하기 위하여 실시되고 있는데, 사회적 니즈, 교육 니즈가 크다고 인식된다. 학교에 기초적이고 객관적이면서도 전문적인 정보를 제공함으로써, 에너지·환경에 관한 광범위한 체계적 지식과 함께 도시가스 회사가 아니고는 줄 수 없는 정보가 제공되고 있다. 학교로부터 기업에 요구되는 것은 문제의 흥미나 이해의 제공, 문제해결을 위한 실제의 대응 방안의 소개 등이다. 텍스트 교재와 비디오, 검색 학습용 사이트 '우리 모두의 에너지 광장', 출장수업, 교외학습시설이 준비되어 있다.

출장수업은 체험형 중심으로, 강사는 사원과 OB이다. 주된 프로그램으로「음식」과 환경·에너지와의 관계를 가까이에서 배우는 'eco·cooking', −162℃의 초저온에서 일어나는 현상을 체험하면서 자원이 없는 일본이 천연가스를 수입하고 있다는 것을 깨닫게 하는 '냉열 실험' 외에, 수소와 산소로부터 전기와 열을 만드는 '연료전지'의 원리를

배우는 프로그램 등이 있다. 범위는 수도권에 국한되어 있지만, 2004
년도에 3,000건 이상의 출장수업이 이루어졌다. 수업의 평판도 좋아
재신청률이 60%나 된다고 한다.

교외학습시설로는 가스과학관, 환경에너지관 등이 있고, 초 · 중학
생을 중심으로 각각 매년 10만 명 이상의 견학자가 방문하고 있다고
한다. 학교 교육 지원 이외도 'eco · cooking'강좌가 개최되고 있고,
자연체험을 통해서 환경에 대한 관심을 높이는 '도토리 프로젝트' 등
의 환경보전활동도 실시되고 있다.

에너지 · 환경 교육 이외에 '식육食育'을 목적으로 한 어린이 요리교
실이 1992년부터 개최되고 있고, 쇼룸에서는 고령자가 되었을 때의
심신의 변화를 의사擬似체험할 수 있는 '시니어 시뮬레이션'이라는 프
로그램이 제공되고 있다.

③ 연구 성과를 기초로 한 독자의 생활정보 발신

소비자가 정보와 지식, 기능을 가지고 있지 않기 때문에 문제에 말
려든다든지, 재산과 건강에 피해를 입는 경우가 흔히 발견된다. 소비
자 문제에는 소비생활센터와 기업의 고객센터에 들어오는 것과 같은
즉시 대응하지 않으면 안 되는 문제와 자신의 생활 행동의 축적으로부
터 발생하는 문제의 두 종류가 있다고 본다. 여기서는 후자의 문제에
관해 도시생활연구소의 연구 성과를 기초로 한 소비자 계발 활동 가운
데서 두 가지의 사례를 소개한다.

생활 속의 습기와 가스 발생

주택의 고기밀화가 진행되어 결로와 곰팡이의 발생 때문에 괴로워하는 사람이 늘어나고 있지만 생활로부터 발생하는 수증기와 상대습도와의 관계, 습기 대책, 곰팡이의 발생 원인 등에 대해 정확한 지식을 가진 사람은 적은 것 같다. 2004년 하절기에 실내 습기를 테마로 한 30건의 방문청취조사를 실시한 결과 생활 현장에서 발생하는 수증기가 곰팡이 발생과 연결된다는 사실을 모르고 있는 사람은 세탁물을 안이하게 방에서 말린다든지 환기와 제습을 적절하게 실시하지 않는다든지 하는 경향이 있어 거실이나 어린이방, 침실 등에 곰팡이가 발생하고 있었다. 이처럼 개인의 생활 행동의 반복이 주택의 고기밀화와 어울려 주택과 가족 건강에 피해를 주고 있는 구도는 지구온난화 등의 환경문제와 매우 유사하다. 환기와 제습을 하지 않으면서 실내에서 세탁물을 건조하는 행동을 계속함으로써 주택에 곰팡이가 발생하면 어느 날 갑자기 알레르기 환자 등의 형태로 그 결과가 우리들 앞에 나타난다. 이 문제에 대해서는 TV나 신문, 잡지, 팸플릿, 세미나, 강연회 등을 통해 정보가 발신되고 있지만 소비자에게 별로 인지되어 있지 않은 것 같다.

한겨울의 목욕 중 급사

한겨울에 고령자가 욕실에서 사망하는 사고는 예전부터 일본에서는 많이 발생해왔다. 이 사실에 주목하여 의학 관계자 및 소방기관과 공동 연구를 실시하여 검토한 결과, 욕실 온도와 혈압 변동과의 관계를 알게 되었다. 즉 입욕할 때 따뜻한 거실 등에서 찬 탈의실로 이동하여 옷을 벗고 차가운 욕실에서 몸을 씻고 욕조의 뜨거운 탕에 몸을 담그는 행동이 문제가 된 것이다. 신체 주변의 급격한 온도 변화에 의해 혈압이 급격히 변하여 심장에 부담을 주는 것이 사고 발생의 하나의 요인이라는 점이 명백해졌다. 그 대책으로 욕실의 난방과 탕의 온도에 주의하라는 등의 제안이 이루어졌다. 이 문제는 매스컴에서도 다루어져 지금은 고령자뿐만 아니라 젊은 층에서도 널리 인지되었다.

전술한 두 가지 사례와 같이, 기업은 자사의 상품 및 서비스에 관해 독자적인 연구 성과를 가지고 있는 경우가 많다. 이러한 전문 분야의 지식과 정보를 소비자에게 전달함으로써 소비자의 주체 형성에 공헌할 수 있으리라 본다.

2. 기업의 소비자 계발 활동

최근 소비자 계발 활동으로서 강좌나 학습, 세미나, 체험학습회, 공장 견학, 교육 재료의 개발과 제공, 무료 전문상담 창구 개설 등의 활동을 전개하고 있는 기업이 늘어났다. 〈월간 소비자〉2005년 1월호에서 몇몇 기업의 사례가 소개되고 있지만, 그 기사를 참고로 하여 여기서는 각 기업의 홈페이지를 살펴보면서 특징적인 활동을 하나씩 하나씩 소개하고자 한다.

①　전문성을 살린 미용 강좌

㈜시세이도는 전국의 고령자 시설과 장애자 시설에 미용 관련 '신체 소양 강좌'를 실시해, 전문성을 살린 강좌로 사회적으로 좋은 평가를 얻고 있다. 일반인을 위한 것으로는 '에이징 케어 세미나'가 있어, 연간 12만 명이 참가하고 있다. 이런 미용 강좌는 체험 강좌로, 50년 이상의 역사를 가지고 있다. 기업 광고가 되지 않도록 올바른 미용ㆍ스킨케어 정보를 전달하려고 최선을 다하고 있다고 한다.

②　지역사회에 뿌리내린 석유체험학습회

이온㈜는 체험 강좌에 힘을 쏟고 있는데, 전국 각지에 있는 대형 양판점을 중심으로 석유체험학습회를 실시하고 있다. 석유체험학습회에 대해서는 홈페이지에서 볼 수 있고, 농약의 사용 상황과 육성 레포트 등의 생산 이력 추적Traceability 정보를 컴퓨터로 확인할 수 있는 점포도 있다.

③　기업의 사명으로서의 교통안전교육

혼다㈜는 자동차를 제조ㆍ판매하고 있는 기업의 사명으로서 교통안전교육을 실시하고 있다. 전국 8개소에 있는 교통교육센터에서 기업과 단체, 개인의 욕구에 부응한 안전 운전과 운전 기술의 습득, 지도자의 양성 등의 실천 강좌를 실시하고 있다. 자사의 안전 철학에 따라 기술과 교육의 양면에서 안전을 추구하고 있으며, 홈페이지에서 어린이로부터 고령자에 이르기까지 각 세대별로 안전 교육 프로그램의 상황을 볼 수가 있다.

④ 게임으로 생활 설계를 배운다

제일생명보험상호회사는 인생과 생활 설계에 대한 관심을 가지게 할 목적으로 '라이프 사이클 게임'이라고 하는, 학교에서 소비자 교육에 사용할 수 있는 교재 개발을 실행해왔다. 게임을 즐기면서 인생의 여러 가지 리스크와 그에 대한 필요한 지식, 생명보험과 계약에 관한 지식을 자연스럽게 배울 수 있도록 되어 있다. 또한 생활 설계와 연금, 간호 등에 관하여 전문 요원에 의한 무료 전문상담을 별도로 받을 수도 있고, 홈페이지에서도 신청할 수가 있다.

⑤ 공존 사회를 겨냥한 매너 교육

일본담배사업(주)는 담배를 제조·판매하는 기업으로서, 흡연자와 비흡연자가 공존할 수 있는 사회가 바람직하다고 생각하여, 흡연을 둘러싼 환경을 개선하는 기술과 기기의 연구개발과 함께 흡연자의 매너 향상을 요구하는 시책을 적극적으로 실시하고 있다. 담배를 피우지 않는 사람에 대해 배려하는 마음을 가지고 꽁초를 함부로 버리거나 보행

중 담배를 피우는 행위, 특히 유아나 임산부 가까이서 담배를 피우지 않는 것 등을 이해하고 생각하도록 광고를 만들고 있고, 그 영상과 만화를 홈페이지에서 볼 수 있도록 하고 있다.

⑥ 소비자의 목소리를 보다 잘 들으려고 하는 상담창구 시스템

카오(주)는 소비자와 고객의 입장에 선 제품 생산을 통해서 풍요로운 문화생활의 실현에 공헌한다고 하는 기업이념을 가지고 있다. 소비자상담센터는 하루에 500건, 연간 약 12만 건이나 되는 문의와 의견, 클레임에 대응하면서 제품의 개량이나 용기·표시·광고의 개선 등 기업활동에 널리 반영시키고 있다. 카오의 에코 시스템Eco System은 1978년에 도입한 전사적 시스템으로 ❶정확한 정보를 신속하게 전달하여 대응하기 위한 상담창구 지원 기능과 ❷의뢰받은 많은 소비자의 목소리를 전 부문이 활용하여 상품개발 등 기업활동에 널리 반영시키기 위한 상담 정보 해석 기능을 가지고 있다.

장래 요구되는
소비자 교육

이처럼 소비자 교육을 담당하는 행정, 소비자 단체, 기업 등의 각 주체는 독자적인 활동을 추진하는 한편 종합학습시간 활용으로 학교에까지 그 활동 영역을 확대해왔다. 기업은 본업으로 책무를 다함과 동시에 전문분야에 있어서의 소비자 교육과 소비자 계발 활동에도 활발하게 대처해왔다. 앞으로는 교육 내용의 체계화와 각 주체 간의 네트워크 형성 등이 과제이다. 최근 금융 분야에서 횡적인 대응책이 추진되고 있어, 소비자 교육의 장래의 방향성을 시사하고 있다.

1996년에 제창된 일본판 금융 빅뱅 이후, 소비자는 보다 많은 선택의 폭을 손에 쥐는 한편 다양한 리스크에 대한 대응과 자기책임에 의한 선택이 종래보다도 더 한층 강하게 요구되게 되었다. 그러나 일본의 소비자 대부분은 금융에 관해서 합리적인 판단을 내리기 위한 지식과 이해도가 충분하지 못하고, 금융에 관한 시스템과 제도를 이해하고 있지 못하다. 필요한 지식을 가지고 있었다면 심각한 사태를 피할 수 있었을 것이라 생각되는 경우도 빈번하게 발견되고 있어, 금융에 관한 소비자 교육이 필요불가결한 것으로 인식되었다. 현실적으로는 학교에서의 교육 기회는 적고, 여러 가지 관계 기관과 단체의 개별 활동도 소비자에게 충분히 침투되어 있지 않는 등 교육 체계가 정비되어 있지 않고, 제공되는 내용도 합리적·체계적으로 이루어지고 있다고는 말하기 어렵다. 그래서 업계, 소비자 단체, 지방공공단체, 관계 정부기관, 학자 등으로 조직된 금융홍보중앙위원회는 금융에 관한 소비자 교육의 체계적·효율적 추진을 실행하기 위하여 「금융에 관한 소비자 교육의 추진에 따른 지침」2002을 작성·공표하였다.

그 가운데 소비자 교육의 사회적 의의와 중요성에 대한 인식과 이해를 촉진하기 위해 학습 내용을 체계적으로 정리한 「금융 이해도 향상을 위한 연령별 커리큘럼」이 제안되어 있다. 이것은, 학교 교육, 사회 교육, 가정 교육의 현장에서 지역의 그룹 학습과 학교 교육의 서포트, 통신강좌와 강연회, 인터넷 등 여러 가지 수단을 복합적으로 활용하는 대응책이다. 그리고 전체로서 체계적·효율적으로 소비자 교육을 촉진하기 위하여 금융홍보중앙위원회는 관계 기관 및 단체의 네트워크의 중심적 역할을 할 것이 기대되며, 이 분야의 많은 주체에 의해 지침이 공유되어 그에 대한 대책들이 실행되고 있다. 이러한 획기적인 대책들이 금융 이외의 분야에도 파급될 것도 기대된다.

part 15

소비자과학에 대하여

이 장에서는 소비자과학 입문을 수료한 자들이 전문가가 되기 위하여 확인 해두어야 할 점들을 정리하고, 소비자과학 분야를 소비생활 어드바이저의 시험 내용으로부터 구성한다. 또한 소비자과학을 더 깊이 배우기 위한 방법 을 제시한다.

소비자를 위한 과학의 필요성

소비자는 여러 가지 레벨의 '사회'에서 생활하고 있다. 소비자로서의 행동은 소비자의 생활을 충실하게 하기 위한 수단적인 행동인 동시에, 생활이 충실 그 자체 —목적적인 행동—일 경우가 많다.

개인에게 있어서 소비자로서의 능력이 노동자로서의 능력과 함께 생활의 질, 인생을 좌우한다. 그럼에도 불구하고 노동자로서의 사회 진출보다는 소비자로서의 사회 진출이 훨씬 더 빠른 유소년 시기부터 시작되고, 여기에는 '채용시험'도 '입사식'도 없다. '첫 심부름' 때 긴장했던 감각을 기억하고 있는 사람도 있지만, 과학적인 행동을 하려고 하는 동기부여는 없다. 소비자로서의 행동은, 부모를 졸라서 갖고 싶은 것을 사달라고 하는 행동으로부터 어느새 시작되고 있는 경우가 많다. 왜 사고 싶은 걸까, 어떻게 사는 것이 좋을까 등 소비자로서 소비 과학을 샐행하는 최초의 기회에 문제의식을 선명하게 하지 않고 소비자 행동을 하여, 그것이 일상 가운데 반복되게 된다.

소비자로서의 문제의식을 가지는 계기는 역시 '문제'에 부딪히는 것이다. 여러 가지 문제가 있겠지만, 우리에게 밀접한 것으로는 상품 사용에 따른 사고·질병 등 위해가 발생한다거나, 계약 내용에 문제가 있다거나, 부당한 청구가 온 것 등의 문제일 것이다. 말하자면 우리는 소비자 문제에 대처할 때 소비자로서의 해결력의 필요성을 실감하게 된다. 문제에 부딪히지 않더라도 예산의 제약 때문에 싸고 좋은 물건을 사려고 하는 의식과제의식이 생각하고, 판단하여, 실행하는 소비자 모델로의 지향을 촉진한다.

판단의 재료, 예를 들어 표시 내용은 이것으로 충분한가, 계약서를 읽고 이해할 수 있고 납득할 수 있었는가 하는 사실, 왜 이러한 표시가 되어 있는 걸까 하는 배경에 있는 근거, 자신에게 이 상품이 필요한가·유효한가 라고 하는 대조의 필요성을 인식한다. 이것이 소비자과학으로서 필요하게 되는 것이다.

소비자를 위한 과학은 범위가 넓고 그것을 배우는 사람의 연령, 경험 등의 레벨에 따라 여러 층으로 편성된다. 당연히 소비자과학의 내용은 다층적이 되며, 담당자는 개인·가족·학교·지역·직장·산업·행정에 이르게 된다. 이미 앞에서 본 것처럼 그 내용은 법, 경제, 사회와 소비자가 살아가고 있는 생활의 여러 장면에 깊이 관여하고 있다.

소비자를 둘러싸고 있는 경제사회는 기본적으로는 시장 메커니즘이 작동하고 있는 사회이고, 이것을 어떤 틀 속에 잡아 넣고 있는 것은 법과 제도이다. 앞서 본 것처럼5장·6장, 구체적으로는 소비자와 관련된 많은 법이 전제가 되지만, 빈번히 법률 개정이 일어나고 있기 때문에 항상 정보를 수집하고 학습할 것을 소비자에게 부과하고 있는 사회이기도 하다. 중심에 계약이 있고, 안전 확보, 공정자유경쟁, 상품에 관한 계량·규격·광고표시·전제조건으로서의 계발·교육, 소비자 의견의 반영과 투명성의 확보, 고충처리·분쟁해결 제도 등 법적인 틀은 매우 중요하다.

더욱이 중요한 것은 소비의 '대상'이 되는 상품소비재·서비스이 시시각각 개발되고 신제품과 신서비스가 제공되고 있다는 것이다. 그런 의미에서는 새로운 사회의 룰을 아는 것뿐 아니라 상품 지식도 쌓지 않으면 안 된다. 그 배경에는 고도의 신기술이 있기 때문에 신기술에 대한 지적 소양도 요청된다. 그리고 무엇보다도 금전에 대한 깊은 이해가 필요하다. 금전은 상품과의 교환 수단인 동시에 경제가치의 기준이며, 부의 축적 수단이기도 하다. 성숙한 현대경제사회에서 부의 축적에 관해서 가장 증가하고 있는 상품이 금융상품, 금융서비스이다. 그것을 소비할 때 그에 대한 상품성—수익성, 안전성, 유동성—의 판단이 필요하고 이는 금융경제의 상황, 경제정세에 따라 좌우된다. 동시에 소비자 측의 경제생활 설계도 판단에 없어서는 안 될 요소이다.

교환 수단으로서의 금전에 관해서도 이해가 필요하다. 특히 고도로 복잡한 신용카드에 대해서는 특별한 이해가 필요하다. 경제가치의 기준이 되는 금전에 대한 이해는 물가와 외국통화에까지 미치게 될 것이다. 글로벌화된 현대경제사회에서 금전은 하나가 아니다.

법과 제도, 상품, 금전뿐만 아니라 상품이 도달되는 프로세스에 영향을 주는 '정보'에 대한 존중도 필요하다. 상품뿐만 아니라 정보의 지식을 습득하지 않으면 안 된다. 정보통신이 거래 수단이 되어 있는 현대에서는, 그것을 자유자재로 구사하는 것은 필수불가결한 일이 되었다. 또한 앞에서도 기술한 바와 같이 자신에 대해서의 자신에 의한 자신을 위한 정보, 즉 자기정보를 편성한다거나, 자신에 대해서의 사업자에 의한 사업자를 위한 정보, 즉 개인정보를 보호하거나 조정할 필요성도 높아지고 있다.

환경문제가 심각해지고 있는 가운데 녹색소비자Green Consumer의 지식과 행동도 기대되고 있다. 이처럼 소비자과학의 요청은 폭넓고, 실효성이 의문시되는 특징이 있다.

소비자과학의
분야

소비생활 상담자 시험 내용을 참고로 하여 소비자과학의 분야를 편의상 구성해보면 아래와 같다. 각 분야는 상호 관련되며 중첩되는 부분도 있다.

❶ 소비자 문제와 소비자 운동

❷ 소비자법과 계약

❸ 소비자 정책과 행정

❹ 경제경제일반 · 금융 · 경제통계

❺ 기업경영기업 · 소비자 대응

❻ 상품과 서비스품질 · 안전성 · 표시 · 광고

❼ 소비자 정보, 정보통신

❽ 생활경제, 가계, 개인금융

❾ 소비자 행동

❿ 소비생활건강의료 · 식생활 · 의생활 · 주생활 · 여가생활 · 복지

⓫ 소비자 고충 · 상담 · 피해 · 분쟁의 처리 · 구제 · 해결

⓬ 소비, 폐기와 지구 환경문제

본서는 소비자과학 입문서로서 소비자과학 분야 중에서도 도입 부분을 다루어왔다. 이러한 내용은 한층 발전적인 학습 내용과 연결된다.

소비자과학의
사회적 요청과 전문가

　　소비자과학의 내용은 소비자가 살아가고 있는 생활의 여러 장면에 깊이 관계한다. 개인이 생활 지식으로서 배우기도 하고, 가족의 소비 생활을 충실하게 하기 위하여 배우기도 하며 또한 가르치기도 한다. 혹은 학교 교육 가운데서 소비자 교육을 위해 교원이 배워서 가르치기도 하고, 지역이나 직장에서 학습회를 통하여 배우기도 한다. 이러한 소비자 학습, 소비자 교육에는 다양한 실천과 교재가 존재하지만, 체계적인 추진은 이루어지지 못하고 있었다. 소비자 교육의 체계화는 2005년부터 소비자기본계획에 포함되어, 앞으로 이 분야의 인재와 그 연계가 정책적으로 요청되고 있다. 이미 금융 소비자 교육에 대해서는 금융홍보중앙위원회의 「금융에 관한 소비자 교육의 추진에 대한 지침」2002년에 의해 실행되고 있지만, 금융뿐만 아니라 소비의 각 분야에서의 소비자 교육의 전개가 기대된다. 소비자 교육은 생활 교육, 경제

교육, 법 교육, 식생활 교육, 정보 교육, 환경 교육, 국제이해 교육과 연계를 도모해가면서 추진되어야 한다.

이 장의 1절에서 기술한 것과 같이, 사회에 대한 소비자로서의 데뷔는 어릴 때부터 시작되기 때문에 가정에서의 소비자 교육도 필요하고 또 유효한 것이다. 어린이를 대상으로 한 그림책과 부모와 자녀가 함께 배우거나 부모가 배우는 교육 툴도 소비자 교육으로서 중요한 분야이며, 이러한 분야의 전문가가 필요하게 되었다.

또한 최근에는 고령자의 소비자 문제가 늘어, 사회 교육의 필요성과 복지 관련 직업 종사자들의 소비자과학에 대한 이해가 요구되고 있다.

산업의 장면에서는, 기업의 상품기획과 개발에 소비자과학의 관점을 반영하기도 하고 소비자를 위한 팸플릿·상품 및 서비스의 설명서·사용설명서·표시 등의 작성에 반영하기도 한다. 상품의 구입, 사용 시에 필요한 지식의 보급에도 소비자과학의 관점이 필요하다.

고객과의 접점에서의 기업과 소비자의 커뮤니케이션을 원활하고도 유익한 것으로 만들기 위해서, 그리고 기업의 사회적 책임CSR 경영을 위해서도 소비자과학의 전문가가 해야 할 역할은 크다.

고충과 질문의 적절한 처리와 회답은 기업의 소비자 창구에서뿐만 아니라 소비생활센터의 상담창구 담당자에게도 필요하다. 사업자 단체 종사자에게는 소비자의 동향과 소비자 대응, 소비자 단체의 전문가에게는 소비자의 실태 파악과 소비자 지원, 소비자 행정 담당자에게는 소비자 정책 추진을 위해 소비자과학이 필요하다.

또한 시시각각으로 변화하는 소비사회에 대한 홍보, 보도, 정보가 소비사회를 형성한다는 점에서 소비 관계의 신문, 잡지의 편집 등에도 소비자과학의 관점이 유효하다.

소비자과학의 핵심내용

소비자과학의 내용은 다른 전문분야와 연결되어 전개되어가지만, 소비자과학의 핵심이 되는 것은 아래와 같이 소비사회·소비자 거래·소비자·소비생활이며, 그 실태·이론·역사·정책이다.

❶ 소비사회 : 소비자법과 그 이해, 소비자 정책·행정의 인식과 의견, 소비자의 경제·금융의 이해, 소비자 문제, 소비자 운동, 소비·폐기와 지구 환경문제

❷ 소비자 거래: 계약 시의 소비자 실태, 기업경영·소비자 대응에 대한 인식과 의견, 상품·서비스품질·안전성·표시·광고의 이해와 그 인식, 의견, 소비자 정보, 정보통신

❸ 소비자: 소비자 행동, 생활경제·가계·개인재무, 고충·상담·피해·분쟁의 처리·구제·해결

❹ 소비생활: 건강 · 의료 관련 상품의 선택과 관리, 식료품의 선택과 조리 · 보존 · 식사 등 식생활 관리, 의류품 선택과 장식 · 의류 관리, 주택의 선택과 주택 관리, 여가 서비스의 선택과 여과 관리, 복지 서비스의 선택

소비자과학을
더 깊이 배우기 위해

그런데 입문의 과정을 끝마치고 소비자과학을 더 깊게 배우기 위해서는 어떻게 하면 좋을까?

❶ 문제의식, 과제의식의 명확화: 먼저 '소비자'를 기점으로 하여 무엇이 문제이고, 무엇이 과제라고 생각하고 있는가 하는 문제의식, 과제의식을 가지고 그것을 정리할 것을 권하고 싶다.

❷ 관심 있는 '실태'를 찾는다: 문제와 과제가 발견되지 않을 경우는 먼저 흥미와 관심이 있는 소비사회, 소비자 거래, 소비자, 소비생활의 실태를 기존의 통계자료와 여러 가지 자료에서 찾아보자.

❸ 문제, 과제의 구조: 그리고 문제 및 과제의 구조를 정리한다. 어떤 문제인가를 생각하는 것이다. 소비사회, 소비자 거래, 소비자, 소비생활 가운데 어떤 분야인가를 살핀다. 복수 분야와 관련된 경우도 있다.

❹ 이유, 요인의 설정: 그러고 나서 왜 그러한 문제, 과제, 실태가 생겨났는지 그 원인을 생각한다. 가능한 한 관련 도서를 이용해보라. 이것이 당신이 생각하고 있는 문제를 명확하게 하는 틀, 가설이 된다.

❺ 선행 연구의 해독: 다음으로, 관련된 선행 연구^{저서나 논문·보고서 등}를 해독하라. 선행 연구는 당신이 선행 연구라고 생각하는 분야가 좋다. 과제에 접근할 때, 관련 분야^{3개 분야 정도가 적당}를 설정하고, 그것을 선행 연구로 한다. 이는 연구의 흐름을 정리하는 것이 되기도 한다. 관계하는 문헌을 조사하고 사실과 의논, 결론의 적합성과 이론을 배운다. 명확하게 되어 있는 것과 명확하게 되어 있지만 자신으로서는 납득할 수 없고 의문을 품게 되는 것, 명확하게 되어 있지 않은 것을 나누어서 정리·기재한다.

❻ 틀의 설정: ❺에 입각하여, ❹의 관련도를 다시 작성하고, 학습·연구할 틀을 설정한다.

❼ 탐구, 검증: 문헌에서 이론을 붙인다. 사실, 재료로부터 검증한다. 이론의 응용 가능성을 검증한다. 독자적으로 조사^{관찰·인터뷰 조사·대량 설문지 조사}등하여 사실을 수집한다.

❽ 결론, 소비자과학에 대한 지식의 공헌: 새로운 사실, 검증된 사실에 대해 의논하여 결론을 내리고 소비자과학의 종래의 지식에 대한 공헌을 명기한다. 가능하다면 실태, 이론, 역사, 정책적 정리와 결론을 낸다. 또한 소비사회, 소비자 거래, 소비자, 소비생활의 특정 분야 혹은 복수의 분야, 관련된 새로운 분야의 시작에 공헌하고 있는가를 나

타내는 것이다.

❾ 과제: 소비자과학으로서의 과제를 이론적 과제, 정책적 과제로
제기한다.

소비자과학은 극히 실천적 과제를 지니고 있다. 소비자 문제를 해
결하고, 소비자의 능력을 높이며, 소비자의 생활의 질을 높일 수 있는
소비사회의 체계와 법규 제정이 그것이다.

계속하여 개발되는 여러 가지의 상품 및 서비스, 계약으로 유인하
는 여러 가지의 활동이 없어지지 않는 이상 소비자 문제는 계속 고도
화될 것이다.

소비자의 시간, 금전, 능력, 인간관계의 자원은 제약이 있다. 제약
가운데 충실한 소비생활을 영위하도록 하기 위해서는 소비자과학과
그 전문가가 소비자의 목소리와 기업과의 정보 교환 등을 바탕으로 소
비사회, 소비자 거래, 소비자, 소비생활을 더욱더 분석·연구할 필요
가 있다.

소비자 과학 콘서트

2009년 12월 10일 초판 1쇄 인쇄
2009년 12월 15일 초판 1쇄 발행

지은이 미후네 미찌꼬 외
옮긴이 김연화 · 제구환
펴낸이 임종관
펴낸곳 미래북
신고번호 제 302-2003-000326호
주소 서울특별시 용산구 효창동 5-421호
전화 02-738-1227
팩스 02-738-1228
이메일 miraebook@hotmail.com
디자인 페이퍼마임
ISBN 978-89-92289-23-8 03320